# 인생&행복 내비게이션

김승국 지음·소리여행 그림

1판 1쇄 발행 | 2026. 1. 25

발행처 | **Human & Books**
발행인 | 하응백
출판등록 | 2002년 6월 5일 제2002-113호
서울특별시 종로구 삼일대로 457 1409호(경운동, 수운회관)
전화 | 02-6327-3535~6, 팩스 | 02-6327-5353
이메일 | hbooks@empas.com

ISBN 978-89-6078-824-4 03810

# 인생&행복 내비게이션

김승국 지음 • 소리여행 그림

Human & Books

## 글쓴이의 말

나는 행복한가? 나에게 자문해본다. 특별한 고민이 없으니 행복하다 할 수 있겠다. 격동의 청소년기 시절에는 경제적으로나 가정적으로 너무도 힘겨웠기에, 이렇게 살 바에는 차라리 극단적 선택을 하고 싶은 적도 있었다. 청년기에는 경제적 궁핍에서는 겨우 벗어났지만, 치열한 경쟁 사회 속에 살아남기 위하여 하루하루의 삶이 고달팠다.

장년기에 들어서서는 사회적 위치도 어느 정도 확보했지만, 식도(食道)가 실처럼 가늘어서 먹어도 먹어도 배가 채워지지 않는 아귀(餓鬼)처럼 더 높은 사회적 우위를 차지하기 위하여 뛰고 또 뛰느냐 하루하루가 고달팠다. 노년이 되어서야 나의 이 모든 욕심이 모두 허상이었다는 것을 깨달았다.

이제는 얼마 남지 않은 인생길을 허투루 살고 싶지 않다. 단 하루를 살더라도 가치 있는 삶을 살고 싶다. 여기에 쓰인 글은 행복으로 가는 마음여행을 위해서 어떻게 사는 것이 바람직한 태도인가에 대한 글로서 여러분들과 공유하고 싶어서 쓴 글이다.

그렇다고 내가 도(道)가 통하였기에 감히 이런 책을 쓰는 것은 아니다. 나도 부족한 점이 많다. 여기에 쓰인 글은 모진 인생 역정을 거쳐 체득한 내 생각도 있고, 흔들리는 내 마음을 추스르기 위하여 늘 내가 나에게 다독거리며 다짐하는 글이기도 하다.

나의 글의 형식은 시(詩)일수도 있고 산문(散文)일 수도 있다. 그것은 중요하지 않다. 그리고 의식하고 싶지도 않다. 이제는 나는 나와 함께 이 시대를 살아가는 사람들과 함께 행복해지고 싶다. 나의 이 글이 힘겨운 이 시대를 살아가는 여러분에게 작게나마 위안이 되고 희망이 되었으면 좋겠다.

2026년 1월에

늘 여유와 미소로서 행복하기를 기원하며
김승국

/ 차례 /

## 2 나를 토닥이며

## 3 행복으로 가는 열차

# 1

# 살며 생각하며

## 강과 같은 마음으로

다양한 빛깔의 사람들이 살아가는 세상에서
어찌 무결점의 사람만을 골라 만날 수 있겠는가?
맑은 물과 흙탕물을 모두 품을 수 있는
넓고 깊은 강과 같은 마음을 지니는 것이 현명하리라.

흙탕물이 흘러든다고 하여
강물 자체가 쉬이 흐려지지 않듯,
굳건한 자기중심을 확립하고
스스로 정화하는 능력을 길러야 한다.

늘 자신을 성찰하고
내면을 단단히 함으로써
고유한 가치관과 신념을
꿋꿋이 지켜나가야 할 것이다.

부정적인 기운을 가진 사람을 마주했을 때,
굳이 그의 실체와 격렬하게 다투기보다는,
'사람은 저마다 다른 배경과 환경, 가치관 속에서 살아왔다'라는 사실을 인정하고

슬기롭게 거리를 두는 것이 지혜로운 처사일 수 있다.

탁류 속에서도 맑은 샘을 찾아 헤엄치는 물고기처럼,
우리 또한 긍정적이고
선한 영향을 주는 사람들과의 관계를 소중히 여기고,
건강하고 돈독한 유대감을 쌓아가야 한다.

맑은 물과 흙탕물이 공존하는 이 세상에서,
우리는 흔들림 없이
자신의 길을 묵묵히 걸어야 할 것이다.

# 거지에겐 동냥을 줘라

교회나 절 앞에서 구걸하는 이에게
동냥을 베풀어야 하느냐, 그러지 말아야 하는 질문은
오랜 시간 동안 많은 이들에게 고민을 안겨준 질문이다.

이 질문에 대한 명확한 정답은 없겠지만,
개인적인 생각으로는 베풀 수 있는 여건이 된다면 베푸는 것이 옳다고 본다.
그것이 바로 사랑과 자비의 본질이 아니겠는가.

종교의 가르침을 되새겨보면,
예수님과 부처님께서는 한결같이
사랑과 자비를 베풀 것을 강조하셨다.

이는 단순히 마음속으로 타인을 위하는 것을 넘어,
구체적인 행동으로 나타나는 실천적 가치이다.

물론, 교회나 절 앞에서 구걸하는 이가
혹여 얄팍한 의도가 있을지 모른다는 생각에 잠시 망설일 수도 있다.
그러나 사랑과 자비는 계산하거나 분석하는 것이 아니다.

그것은 마음이 이끄는 대로 행하는 실천의 영역이다.

타인의 진정성을 따지기 시작하면 한없이 복잡해지고,
결국, 아무것도 베풀지 못하게 될 수도 있다.

그러므로 마음이 움직이는 대로 행하면 충분하다.
그 이후의 결과나 상대방의 의도까지 깊이 생각하며 망설일 필요는 없다.

진정한 사랑과 자비는
복잡한 사유를 넘어선
즉각적인 실천에서
그 의미를 찾을 수 있기 때문이다.

# 고통을 해결하는 방식

흔히 인생은 고해(苦海)라고 한다. 그래서인지 살다 보면 즐겁고 행복한 순간들도 있지만 괴롭고 힘겨울 때가 더 많은 것 같다.

겉으로 보기에 비슷한 이유라 할지라도 사람마다 느끼는 고통의 정도는 다 다르다. 그리고 남이 이해하기 어려운 저마다의 이유가 있다.

주위 사람들이 힘겨워하는 모습을 지켜보다 그 이유를 들어보면 내 처지에서 볼 때 뭐 그런 정도의 이유 가지고 힘들어하나 할 때도 많지만 무척 힘겨워하는 것을 보면 내가 이해할 수 없는 자기 나름의 정서체계와 나름의 독특한 이유가 있는 것 같다. 그러니 타인의 아픔을 두고 이렇다 저렇다 함부로 말하는 것은 삼가야 한다.

그러나 한 가지 분명한 것은 타인이 고통을 호소할 때 그 이유를 따지기보다는 공감해 주는 자세가 필요하며 상대방이 그 고통에서 조속히 벗어날 수 있도록 마음을 다하여 도와주어야 한다.

나는 어떤 어려운 일에 부딪혔을 때, 생각하는 방식이 있다.
그 일이 내가 노력하면 해결될 수 있는 일인지
아니면 내 능력 밖의 일인지를 자문해보는 것이다.

만일 내가 노력하면 해결될 수 있는 일이라면
최선을 다해 고민하고 숙고하고 그 문제를 해결하기 위하여 최선의 노력을 기울인다.

그러나 내 능력 밖의 일이라면
큰 손실이 있다 하더라도 시간에 그 문제를 맡겨버리고 깨끗이 마음을 접어버린다.

그게 속이 편하다.
그래서 고통을 겪고 있는 주변 사람들에게 나의 방식을 권하기도 한다.

사람마다 역경을 헤쳐나가는 방식이 다 다를 테니
나의 방식이 효험이 있을 수도 있고 전혀 없을 수도 있을 것이다.

그러나 그 무엇보다도 중요하고 분명한 것은
상대방의 고통에 공감해 주는 것이다.
그것은 인간관계에 있어 꼭 필요한 자세이다.

## 관심과 배려 사이

이성 간의 사랑, 우정, 가족애, 그리고 넓은 의미의 인간관계에서 관심과 배려는 분명 핵심적인 요소이다. 하지만 이러한 감정들이 균형을 잃을 때 관계에 부정적인 영향을 미칠 수 있다는 점을 간과해서는 안 된다.

관심은 상대방을 이해하고 소통하려는 노력의 표현이지만, 지나치면 집착으로 변질하여 상대방에게 부담을 줄 수 있다. 사소한 일까지 캐묻거나 일거수일투족을 알려고 하는 태도는 상대방을 숨 막히게 하고, 결국 관계에서 한발 물러서게 만들 수 있다.

마찬가지로, 배려는 상대를 존중하고 편안하게 해주려는 마음에서 비롯됩니다. 그러나 배려가 과해지면 오히려 상대방에게 무관심하거나 소홀하다는 오해를 불러일으킬 수 있습니다. 예를 들어 너무 조심스러워 표현을 아끼는 태도는 상대방이 소외감을 느끼게 하고 거리감을 형성하게 할 수 있다.

이성 간의 사랑을 예로 들어보면 더욱 명확해진다. 사랑이 깊어질수록 연인은 모든 것을 공유하고 싶어지는 경향이 있다. 이때 이러한 마음이 집착으로 이어지면, 상대방의 개인적인 공간이나 시간을 존중하지 않게 되고, 이는 결국 상대방을 지치게 하여 애정을 식게 만드는 원인이 되기도 한다. 이처럼 사랑은 주고받는 감정의 균형을 맞추는 것이 어려우므로 '사랑은 어렵다'고들 이야기하는 것일지도 모른다.

결론적으로,
사랑, 우정, 가족애를 포함한 모든 인간관계에서
관심과 배려는 지나치지도
부족하지도 않게 조절하는 것이 중요하다.

이러한 균형을 잡는 일은 절대 쉽지 않다.
하지만 관계의 생명력을 오래도록 유지하기 위해서는
내가 혹시 상대방에게 너무 많은 관심을 쏟고 있지는 않은지,
혹은 배려가 지나쳐 무관심하게 비치지는 않는지
스스로 끊임없이 성찰하는 자세가 필요하다.

건강한 관계는
이러한 꾸준한 자기 성찰과 노력을 통해 만들어진다.

# 귀인을 만나려면

사람은 누구나 성공된 삶을 살아가고 싶어 한다.
세상에 실패한 인생을 살고 싶어 하는 사람이 어디 있겠는가?
누구나 자신의 삶을 돌이켜보면 주요한 변곡점들이 있었다.
그 변곡점 이후 성공된 삶의 행로를 걷게 되었거나,
아니면 나락으로 떨어지는 불행한 길로 걷게 되었거나 하였다.

그러한 변곡점이 만들어지게 된 데에는
특정한 사람의 결정적 도움이나 가해가 있었을 것이다.

그래서 성공된 삶을 살아가기 위해서는
만남이 좋아야 한다.
부모를 잘 만나야 하는 것과
형제자매를 잘 만나야 하는 것도 해당하지만
자신의 의지와 관계가 없으니 어쩔 수가 없다.

그러나 어떤 친구를 만나느냐,
어떤 스승이나 멘토를 만나느냐,
어떤 배우자를 만나느냐,
어떤 귀인이나 악인을 만나느냐에 따라

삶의 질과 인생의 행로가 달라진다.
나에게 선한 영향을 주는 귀인은 그냥 내게 오지 않는다.

물이 높은 곳에서 낮은 곳으로 흐르듯,
같은 깃털끼리 새들이 모이듯,
자신이 귀인을 맞이할만한 품격을 갖추고 있어야 하며,
자신이 열린 마음이 있어야 귀인이 온다.

그런데 자기 자신을 돌아보지 않고
남 탓만 하고, 팔자타령,
신세타령만 하는 사람들을 너무도 많이 본다.

## 내 삶의 주인이 되자

항해하는 배가 예측 불가능한 풍랑과 마주하더라도 배에 장착된 나침반이 있다면 가야 할 길을 잃지 않고 가고자 하는 방향으로 나아갈 수 있듯이, 자신만의 뚜렷한 삶의 원칙과 방향을 설정해두는 것은 삶의 나침반과 같은 역할을 할 것이다. 수많은 선택의 갈림길에 서거나, 예상치 못한 어려움에 직면할 때, 자신만의 확고한 삶의 원칙과 방향은 우리를 혼란으로부터 보호하고, 어떤 기준으로 판단하고 행동해야 할지 명확한 지침을 제시해 줄 것이다.

역사 속 수많은 성현 역시 자신만의 철학을 바탕으로 삶의 원칙과 방향을 정립하고 실천하며 살아갔다. 공자(孔子)는 인(仁)을 바탕으로 한 이상 사회를 구현하고자 했고, 맹자(孟子)는 성선설(性善說)에 기반한 왕도 정치를 실현하고자 했으며, 석가모니(釋迦牟尼)는 고통으로부터의 해탈과 자비를 실천했으며, 예수는 하느님의 사랑과 이웃 사랑을 가장 중요한 계명으로 삼아, 만인의 죄로부터의 구원을 위해 자신의 목숨을 기꺼이 희생했으며, 간디(Mahatma Gandhi)는 비폭력 저항을 통한 독립과 평화를 추구하였다.

이러한 성현까지는 못가더라도 나도 나름대로 삶의 원칙과 방향을 설정하고 살아가야 하겠기에 나도 일찍이 내 나름대로 삶의 원칙과 방향을 세워두었다. 그래야 어떠한 상황에서도 흔들리지 않고 주체적인 삶을 살아갈 수 있다고 믿기 때문이었다. 대단한 것은 아니지만 여러분들에게 소개할까 한다.

원칙
첫째, 타인을 있는 그대로 인정하자.
둘째, 타인과 일을 시작할 때 상대방의 이익을 먼저 생각하자.
셋째, 정의롭게 생각하고, 용기 있게 실천하자.
넷째, 끊임없이 탐구하고, 끊임없이 성찰하자.
다섯째, 약속한 것은 반드시 지키자.

방향
남과 비교하지 말고, 내 삶의 주인이 되고, 가치 있는 삶에 무게를 두고 가자.

간단하다. 이렇게 간단한 원칙과 방향이지만 바쁜 일상을 살다 보면 일상에 매몰되어 종종 타인의 시선이나 사회적 기준에 갇혀 진정으로 내가 원하는 삶과는 거리가 먼 선택을 하기도 하기에 늘 깨어있으려 하며, 일일삼성(一日三省)의 자세로 늘 성찰하는 삶을 살아가는 것을 지향점으로 삼고 있다.

# 노력 없이는 인연의 순풍은 불지 않는다

문을 꽁꽁 걸어 잠그고
들어오시오 한다면
들어갈 수 없듯이

내가 먼저
내 어두웠던 면, 고운 면 다 보여주며
내 마음의 문을 활짝 열어야,
그제야
상대방이 들어올 수 있다.

이익 때문에 접근하는 사람은
쉽게 알아차리고
경계하는 법이니

내가 나의 이익보다는
먼저 상대방의 이익을 위하여
한결같은
관심과 배려를 베풀 때

인연의 싹이 트고
줄기를 뻗고, 가지를 뻗어, 꽃을 피우고
열매를 맺을 수 있다.

인연의 순풍은
노력 없이는 불어주지 않는다.

# 들꽃과 같은 삶의 지혜

삶의 지혜는 종종 화려하거나
특별한 경험 속에 숨어있는 것이 아니라,
마치 길가에 핀 작은 들꽃처럼,
우리가 매일 마주하는 아주 작은 일상에
조용히 스며들어 있다.

내가 살아가며 터득한 다음과 같은 지혜를
이 세상 함께 사는 여러분들과 나누며 살고 싶다.

· 계절에 봄, 여름, 가을, 겨울이 있듯이, 사랑도, 인간관계도 봄, 여름, 가을, 겨울이 있다.·

· 내가 먼저 마음의 문을 열지 않으면, 상대방은 결코 그냥 내게 오지 않는다.

· 인생의 성패는 유능하고 품성 좋은 동반자들이 누가 더 많으냐에 달려 있다.

· 상대방을 인정하면 평화가 찾아온다.

· 세상에 없는 두 가지가 있다. 공짜와 비밀이다.

· 바쁘다고 해서 만날 시간이 없는 것은 아니다. 시간은 내는 것이다.

· 나도 가끔 나를 배신하는데, 남이라고 나를 배신하지 않겠는가?

· 잔뜩 짊어지고 징징대지 마라. 내려놓으면 가볍다.

· 우주의 중심은 나다. 나 없는 모든 것은 의미가 없으니까.

· 주어진 조건과 환경에 감사하자. 나보다 못한 사람 부지기수다.

· 누가 나를 돌봐주겠는가? 꿈 깨라. 나는 내가 돌본다.

· 과거는 이미 흘러갔고, 내일은 오지 않을 수 있다. 오늘이 중요하다.

· 강 너머는 늘 아름답다.

· 진실한 글이 제일 좋은 글이다.

· 피어나는 꽃은 지는 것을 두려워하지 않는다.

· 홀로 날아가는 새를 외롭다 하지 마라. 다 사정이 있어서 날아가는 것이다.

· 어제의 나를 잊으니, 오늘의 나도 나쁘지 않다.

· 지켜보지 않아도 난은 홀로 꽃을 피운다.

· 저절로 피는 꽃은 없듯이, 저절로 살아가는 사람 없다.

· 나무가 크려면 스스로 자신의 가지치기를 해야 한다.

· 바쁠수록 여유와 미소를 잃지 마라.

· 욕심낸 만큼 시야가 좁아진다. 시야가 좁아지면 사고 난다.

· 똑같은 일도 보는 관점에 따라 다르다. 긍정적으로 보자.

· 기대가 크면 실망도 크다. 기대를 줄여라.

· 인간은 양면성이 있는 동물이다. 상대방의 잘못 하나로 모든 과거를 부정하지 마라.

· 모든 근심은 욕심에서 출발한다. 욕심이 없으면 근심도 없다.

· 가는 사람 잡지 말고, 오는 사람 막지 마라. 우연히 온 사람이 나를 구할 수도 있다.

· 지나간 일은 거론하지 말자. 거론한다고 다시 돌아갈 수 있겠느냐?

· 발품을 많이 팔아라. 발품을 많이 팔수록 조금 더 챙길 수 있다.

· 피할 수 없다면 즐겨라.

· 짐 지고 무겁다고 징징대지 마라. 내려놓으면 가볍다.

· 내가 잘못한 일이면 상대에게 진심으로 사과해라. 그렇다고 바보가 되는 것은 아니다.

· 비열한 자를 이기는 방법은 더 비열해지는 것이다. 그렇게 살고 싶냐?

· 미운 사람에게 화가 나더라도 티 내지 마라. 티 내면 진다.

· 만나는 시간에 대한 고정관념을 버리자. 새벽이면 어떻고 자정이면 어떠냐?

· 내 능력 밖의 일에 대해서는 고민하거나 걱정하지 마라. 고민한다고 해결되냐?

· 기분 나쁘거나 슬플 때는 술을 마시지 마라. 술에 기대는 네 모습이 자존심 안 상하냐?

· 광활한 바다 밑에 거대한 펄이 있듯이, 보이는 것이 다가 아니다.

· 잘 나가면 그대로 좋은 것이고, 힘겨우면 쉬어가라.

· 툭툭 털고 이 세상 살아가면, 이 세상 모든 것이 다 내 것으로 보인다.

· 혼자 있어도 행복할 수 있고, 함께 있어도 외로울 수 있다.

· 걱정거리 하나 보내면, 그 빈자리에 걱정 하나 찾아온다.

· 어차피 인생은 한바탕 꿈이니, 조금 더 자도 꿈이요. 덜 자도 꿈이다.

· 내가 잠자리에 든 이 시간에도, 동해 파도는 쉼 없이 출렁거린다.

· 지나가는 사람이 나를 바라보듯, 가끔은 멀찍이서 자기 자신을 바라보라.

· 베풀며 욕먹는 자가 제일 바보다. 베풀려면 화끈하게 베풀어라. 베풀면서도 욕먹지 마라.

· 아주 작은 인연이라도 소중히 하고, 받은 명함엔 꽃이 필 때까지 정성 들여 물을 줘라.

· 자갈밭에 물 주지 말고, 나에게 잘해주는 사람들에게 더 잘해라.

· 쓴소리를 받아 줄 그릇이 돼 있는 사람에게 충고해라. 괜히 원수한 사람이 더 는다.

· 편하려고 운전하는 건데, 전투하듯 운전하지 마라.

· 가난으로 밥 굶는 사람 아직도 많다. 음식 가려 먹지 말고, 음식 앞에서 감사해라.

· 바깥에서 안 좋은 일, 집에 들어가 티 내지 마라. 바깥일은 바깥에서 끝내라.

· 친구나 친척들과 돈거래 하지 마라. 사람도 잃고 돈도 잃는다.

## 살아보니 알겠다

집착은
마치 물속에 비친 달을 잡으려는 것과 같다.
아무리 애써도
손에 닿지 않는 허상일 뿐이다.

권력, 사랑, 돈 그 자체가 나쁜 것이 아니다.
그것들을 맹목적으로 갈구하며
다른 모든 것을 희생시키는 집착이야말로
우리를 병들게 하는 독이다.

살아보니 알겠다.
권력도, 사랑도, 돈도,
억지로 붙잡으려 할수록
오히려 멀어지는 속성이 있다는 것을.

권력과 사랑과 돈은
나 스스로 역량을 키우고
내가 스스로 만족하고 마음이 넉넉해질 때라야
비로소 제 발로 걸어 들어오더라.

## Not 'best one', but 'only one'

많은 사람이 돈이나 명예를 좇아가려 할 때
내가 가야 할 길이 그 길이 아니라고 생각하면
용감하게 자신이 옳다고 생각하는 길로 가라.
내 삶은 나의 것이니까!

그대는 많은 사람 중에
베스트 원(best one)이 되려 하지 말고,
온리 원(only one)이 되어라.

# 가치에 무게를 두는 삶

나이가 들어가면서 깨닫는 것이 있다.
어차피 한 번 살다 가는 인생인데
얼굴 찡그리고 사는 것보다
행복하게 사는 것이 좋다는 것이다.

그래서 매일 아침
이곳저곳에서 오는 매일 아침 안부 문자에
"여유와 미소로서 행복한 하루 누리시기 바랍니다."라는 답문을 즐겨 쓴다.

재미있게 살아야 행복해진다.
재미만 있는 것이 아니라
보람을 느낀다면 더욱 좋다.

그래서 요즘은 돈이나 명예보다는
행동에 대한 가치에
무게를 둔 삶을 살려고 한다.

"과연 이 일이 가치 있는 일인가?" 자문해보고
"그렇다."라는 마음의 대답이 나오면
손해를 보더라도 기꺼이 한다.
그것은 돈이나 명예보다도 가치 있는 일이니까.

## 갈등 해결의 처방

살다 보면
사람과 사람 사이에 갈등은
어쩔 수 없이 발생한다.

서로 사는 방식과
추구하는 것이 다르기 때문이다.

갈등은 억지로 풀기보다는
현상을 그대로 인정하고,
그대로 받아들이는 것도 지혜일 수 있다.

세상에 영원한 갈등은 없다.
시간에 맡겨버리면
갈등은
스스로 상생의 길을 찾아낸다.

# 거짓말

인간은 말과 문자로 자신의 의사를 전달한다.
솔직하게 자신의 의사를 전달하기도 하지만,
때로는 남을 속이기 위해 거짓말을 하거나,
거짓 글을 쓰기도 한다.

상대방을 안심시키기 위하여
혹은 좋은 뜻에서 거짓말을 하는 예도 있지만,
대부분 거짓말은 자신의 그릇된 행동을 정당화하기 위하여서 하거나,
자신의 이익을 위해서 행해진다.

나도 나 자신의 그릇된 행동을 정당화하기 위하여,
혹은 나 자신의 사소한 이익을 챙기기 위해서
얄팍한 거짓말을 해본 적이 있음을 솔직히 고백한다.

이 세상에 거짓말하지 않고 살아가는 사람이 있을까 상상을 해본다.
물론 거짓말이라곤 한 번도 해본 적이 없는 사람이 분명 있겠지만,
아마도 대부분 사람은 거짓말을 한 경험이 있을 것이다.
그 정도가 빈번하면 거짓말쟁이고, 심하면 사기꾼일 것이다.

남에게 피해를 주지 않는 선의의 거짓말은 그런대로 용인될 수 있지만,
그렇지 않은 거짓말은 심각한 문제이다.
자신의 거짓말로 인하여 타인에게 막대한 정신적인 피해를 주거나
막대한 물질적인 손해를 입히거나
심지어 인생의 행로에 심대한 부정적인 영향을 끼쳤다면
그 누구라도 용서하기가 어려울 것이다.

거짓말을 한번 하면
그 거짓말을 정당화하기 위하여 또 거짓말을 해야 하고,
이어서도 똑같은 이유로 계속 거짓말을 해야 한다.
그리고 거짓말이란 반복하다 보면 습관이 된다는 속성이 있다.

솔직함은 당장은 불편하지만,
훗날이 깔끔하고,
거짓은 당장은 달콤하지만,
훗날에 돌이킬 수 없는 불행을 초래할 수 있다.

## 결이 다른 사람과 살아가는 법

사전적으로 가치는 '사물이 지닌 값어치, 대상이 인간과의 관계 때문에 지니게 되는 중요성, 인간의 욕구나 관심의 대상 또는 목표가 되는 진, 선, 미 따위를 통틀어 이르는 말'을 의미한다.

결국, 개인이 무언가를 소중하게 여기는 정도를 뜻한다고 볼 수 있다. 똑같은 일이나 물건이라도 사람에 따라 그 가치를 다르게 평가할 수 있듯이, 가치는 지극히 주관적일 수 있다.

하지만 사회 통념상 중요하게 여겨지는 보편적 가치 또한 존재한다. 이처럼 가치는 주관적 가치와 보편적 가치로 나눌 수 있다.

사람마다 가치관이 다르므로 비슷한 가치관을 가진 사람을 '결이 맞는 사람'이라고 표현하고, 그렇지 않은 사람을 '결이 다른 사람'이라고 한다. '결이 다른' 사람과 함께 일을 하거나 관계를 맺을 때는 필연적으로 스트레스가 발생하기 쉽다. 서로 다른 가치관으로 인해 충돌하며 마음의 상처를 받을 수도 있다.

이러한 스트레스를 피하기 위해서는 '결이 다른' 사람과의 교류를 최소화하는 것도 한 가지 방법이 될 수 있다. 서로 부딪히며 상처받기보다는, 애초에 그런 상황을 만들지 않는 것이 현명할 수 있다.

그러나 사람과 사람이 부대끼며 살아가는 세상에서
'결이 맞는' 사람하고만 관계를 맺고 살 수는 없다.
피할 수 없는 상황이라면 양보하고,
그 상황을 오래 지속하지 않을 방법을 찾는 것이
지혜로운 태도이다.

그러므로 다음과 같은 결론을 내릴 수 있다.

내 마음의 결과 맞지 않은 사람은 피할 수 있다면 피하되,
피할 수 없다면 양보하며 살자.

이것이 다양한 가치관을 가진 사람들과 함께 살아가는 세상에서
스트레스를 줄이고
조화로운 관계를 유지하는 현명한 방식일 것이다.

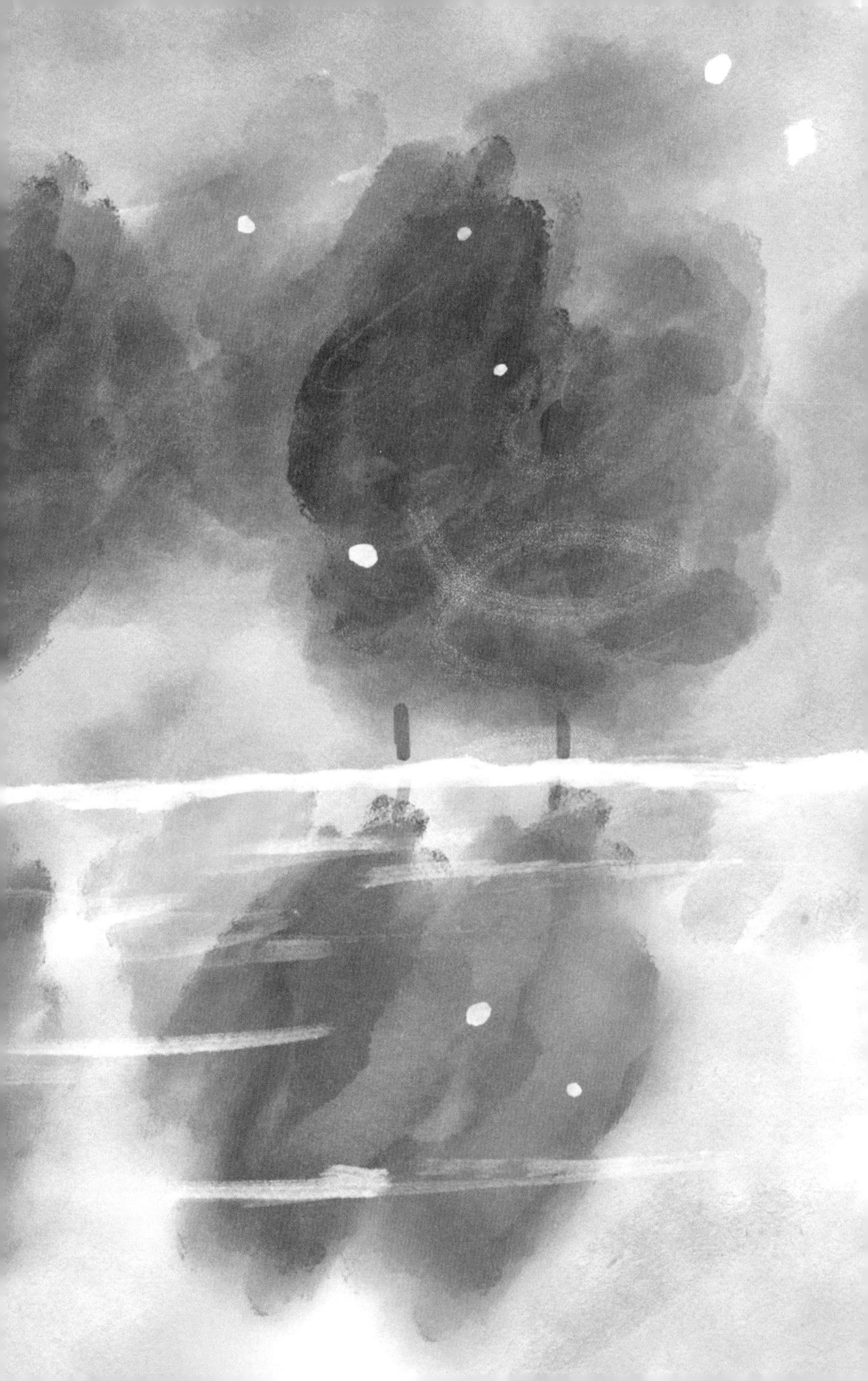

## 공감 능력이 탁월한 사람

여러 사람과 만나다 보면
공감 능력이 탁월한 분들이 있다.
그러한 분들을 만나면 행복해진다.

그러한 분들의 특성은
상대방이 말하는 것을 귀담아듣고
상대방의 말을 인정하고 이해하려 하는 것은 물론
상대방이 왜 그런 머리 스타일을 하고,
왜 그런 옷을 입었는가를 살피고
상대방의 장점이 무엇인가를 알아내어 칭찬을 아끼지 않는다.
그러니 그러한 분에게 친근감과 신뢰감이 가지 않을 수 없다.

요즘 이상하리만치
그러한 분들이 자주 찾아와 준다.

아마도 내가 전생에 나라를 구했던 것 같다.

# 그러려니

내 집무실에
'그러려니'라는 큰 글씨가 적혀있는
손부채가 걸려 있다.

세상을 탓하기 전에,
사람을 탓하기 전에

그럴 수 있다고
늘 나를 다독이니

마음이 좀 편해지고
넉넉해진다.

# 꼴불견 친구 모임 가고 싶지 않다

젊은 시절에는 생존경쟁에 몰두하느라 친구들과 만남이 뜸했지만,
은퇴 후 여유가 생기니 친구들에게서 연락이 자주 오곤 한다.

좋은 마음으로 모임에 나가지만,
때로는 마음이 상해 돌아오는 씁쓸한 경험을 하게 될 때도 있다.

모임의 분위기를 해치고 만남의 기쁨을 앗아가는
세 가지 유형의 친구가 있다.

첫째,
자신의 걱정과 근심을
상대방의 감정 상태를 고려하지 않고
일방적으로 쏟아내는 친구이다.

둘째,
자신의 성공이나 성취를 끊임없이 자랑하며
모임의 초점을 자신에게만 맞추려는 친구이다.

셋째,
그 자리에 없는 친구의 험담이나 비밀 이야기를
가볍게 옮기는 친구이다.

친구 모임에 이런 친구가 서너 명 있다면,
그 모임에는 다시 가고 싶지 않다.

이러한 경험을
역지사지의 교훈으로 삼아본다.

나 역시
친구들에게 나의 걱정으로 부담을 주지 않아야 하며,
겸손해야 하며,
친구의 허물이나 비밀을 가볍게 옮기는 경박한 행동을 조심해야겠다.

## 더불어, 함께 사는 세상

나는 나누어 갖는 것을 선호한다.
유식한 말로 공유를 좋아한다.

어두운 밤 혼자 초를 켜고 길을 찾아가는 것보다,
초를 여러 명에게 나누어 주고 함께 가면
가는 길이 그만큼 더 밝아지기 때문이다.

나 혼자 지식과 정보를 꼭 쥐고 있는 것보다
서로 나누어 가지면
세상이 그만큼 더 밝아진다.

더불어, 함께 사는 세상,
그런 세상을 살고 싶다.

# 내가 하면 로맨스, 남이 하면 불륜

"내가 하면 로맨스, 남이 하면 불륜"이라는 말은 자신에게는 관대하고 타인에게는 엄격한 이중잣대를 비판하는 표현이다. 이는 보통 사람들이 비난받을 만한 행동을 저질렀을 때, 자신이 한 일은 어쩔 수 없는 사정이 있었다고 합리화하고, 남이 한 일은 어떤 이유에서든 용서할 수 없는 잘못으로 치부하는 이기적인 사고방식을 꼬집는다.

이러한 태도는 일상생활 곳곳에서 발견할 수 있다. 예를 들어, 남의 딸이 이성 친구가 많으면 행실이 가볍다고 여기지만, 내 딸이 이성 친구가 많으면 인기가 많다고 생각한다. 남이 학교에 자주 찾아가는 것은 치맛바람이라 비난하면서도, 자신이 학교를 자주 찾는 것은 높은 교육열 때문이라 생각한다.

며느리에게는 시집왔으니 집안 풍속을 따르라고 요구하면서도, 딸에게는 시집가더라도 자신의 생활을 가지라고 조언한다. 며느리가 친정 부모에게 용돈을 드리는 것은 남편 몰래 돈을 빼돌리는 것으로 의심하고, 딸이 친정 부모에게 용돈을 드리는 것은 길러준 은혜에 대한 보답이라 칭찬한다.

또한, 며느리는 남편에게 잡혀 살아야 한다고 말하면서도, 딸은 남편을 휘어잡고 살아야 한다고 주장한다. 남의 아들이 웅변대회에서 상을 받으면 누구나 받을 수 있는 상을 우연히 받은 것이라 깎아내리고, 내 아들이 상을 받으면 뛰어난 실력 때문이라 자랑한다.

남이 자식을 관대하게 키우면 문제아로 만든다고 걱정하면서도, 자신이 자식을 관대하게 키우면 기를 살려주는 것이라 여긴다. 남의 자식이 어른에게 대드는 것은 버릇없이 키운 탓이라 비난하고, 내 자식이 대드는 것은 뚜렷한 자기 주관이 있다고 옹호한다.

며느리가 부부싸움을 하면 여자가 참아야 한다고 하고, 딸이 부부싸움을 하면 아무리 남편이라도 따질 건 따져야 한다고 편든다. 남이 내 아이를 나무라면 이성을 잃고 히스테리를 부리는 것이라며 불쾌해하고, 자신이 남의 아이를 꾸짖는 것은 어른으로서 타이르는 것으로 생각한다.

이처럼 세상에는 타인을 배려하지 않고 자신의 견해에서만 생각하고 행동하는 사람들이 많다. 그런 사람들은 자신의 잘못된 말과 행동이 타인에게 상처를 줄 것이라는 사실을 전혀 인지하지 못하며, 남을 위해 배려할 줄 모른다.

그들로 인해 상처받은 사람들이 분노하거나 호소하면, 그들은 오히려 자신들이 피해자라고 생각하며 전혀 이해할 수 없다는 태도를 보인다. 이런 사람들은 오늘날에도 수많은 사람에게 상처를 주면서도 아무렇지 않게 자신의 삶을 영위하고 있다.

나 또한 한때 그런 사람에게 모진 일을 당하고 홀로 힘들어했던 경험이 있다. 상처는 충분히 아파야 치유되는 것이었고, 시간이 약이었다.

## 노년에 조심할 세 가지

노년은 마음은 늘 청춘이지만
몸은 연식이 오래되어 전과 같지 않다.
이것을 깜박 잊고 지낼 때가 많다.

그래서 노년에 든 분들에게 내가 입버릇처럼 권하는
주의할 세 가지가 있다.

첫째, '감기 걸리지 않도록 조심하기'이다.
노년에 감기에 걸리면 합병증이 발생하기 쉬워져
죽음에 이를 가능성이 커지기 때문이다.

둘째, '넘어지지 않도록 조심하기'.
노년에 넘어지게 되면 골절도 쉽게 되고
투병 중, 급속히 쇠약해져
죽음에 이를 가능성이 커지기 때문이다.

셋째, '과로하지 않기'이다.
이슬비에 옷 젖는다고 과로가 쌓이다 보면
피로가 누적되어 심정지 되어

사망할 가능성이 커진다는 것이다.

노년들이여!
이 세 가지를 조심하세요.

## 노래를 부르자

노래를 부르면 무엇에 좋을까.

심리학자들은
슬픈 노래를 부르면
더 슬퍼지는 것이 아니라
오히려 카타르시스를 느끼고, 스트레스가 해소되며
마음이 편안해진다고 한다.

반대로 기쁜 노래를 부르면
행복감이 증진되고, 에너지가 상승하고
활력과 행복감을 준다고 한다.

이러니 노래를 아니 부를 수 없다.
게다가 노래를 부르면
다음과 같은 10가지 이점이 있다고 한다.

1. 폐 건강에 도움을 준다.
2. 신체적 자세가 교정된다.
3. 면역체계가 강화된다.

4. 통증이 가라앉고 엔도르핀 분비가 촉진된다.
5. 스트레스가 해소되고 행복해진다.
6. 우울감을 해소하는 데 도움이 된다.
7. 한 곡을 다 부르면 성취감과 자존감이 높아진다.
8. 기억력 및 인지 기능이 향상된다.
9. 사람들과 소통하고 관계를 형성한다.
10. 공감 능력이 향상된다.

이러니
노래를 즐겨 부르지 않을 수 없다.

## 두 가지 유형의 인간

간절하고 절박한 상황 속에서
누군가의 도움을 받고 혜택을 뛰어넘어 평생 영광을 누리는 사람들이 있다.
그 누군가의 도움을 받지 못했더라면
그에게 그러한 영광이 왔을 리가 없다.

그런 영광을 누리는 사람 중
은혜를 베푼 그 누군가에게 고마운 마음을 평생 잊지 않고 지내는
반듯한 사람들도 있겠지만,

고마운 마음은 잠깐이고
언제 도움을 받았냐는 식으로 마주치면 얼굴을 돌리고
제 잘난 줄 알고 사는 싹수없는 사람들도 있다.

베풀어준 사람은 당장은 섭섭하겠지만,
당시 힘과 조건이 되어 도움을 준 것이지
돕고 싶었어도 힘과 조건이 없었다면 돕지 못했을 것으로 생각하고,
'세상사 그런 거지', 혹은 '그러려니' 하고
허허 웃고 넘기는 넉넉한 마음을 가진 분들도 있다.

나 자신도 누군가의 결정적인 도움을 받은 적이 있고,
그 누군가에게 결정적인 도움을 준 적도 있다.

은혜를 베푼 그 누군가와
그 배은망덕한 사람,
그 두 사람에게 주고 싶은 말이 있다.

베푼 것은 강물에 흘려보내고,
은혜는 돌에 새겨 놓아라.

## 마음먹기에 달렸다

누구에게서 부탁을 받았을 때
해주어야겠다고 결심하는 데는
해주어야 할 이유는 100가지가 넘는다.

거절하는 것도 똑같다.
해주지 말아야 할 핑계가 100가지가 넘는다.

그래서 모든 일은
스스로 마음먹기에 달렸다.

부처님도 말씀하셨다.

행복도 내가 만드는 것이네.
불행도 내가 만드는 것이네.
진실로 그 행복과 불행
다른 사람이 만드는 것 아니네.

## 만남이란 사람의 행로를 바꿔 놓기도 한다.

아마 내가 중3 때였을 거다. 당시 우리 국어 선생님은 두꺼운 뿔테 안경을 쓰신 나이 지긋한 분이셨는데 수업 시간이 되면 학생들에게 돌아가며 시를 낭송하게 하고 눈을 지그시 감고 듣곤 하셨다. 가끔 시로 작곡된 가요를 노래 부르게 하셨던 것도 기억이 난다.

그때 가수 박재란이 '산 너머 남촌에는 누가 살길래 해마다 봄바람이 남으로 오네'로 시작하는 시인 김동환의 시 「산 너머 남촌에는」이라는 박재란이 부른 가요가 한참 유행하였는데 그 노래를 노래 잘 부르는 우리 반 학생을 불러일으켜 세워 노래를 부르게 하였다. 요즘 잣대로 보면 느슨한 수업을 진행한다고 학부모들로부터 항의를 받을 만하다.

그러나 나는 그때부터 시심(詩心)을 키우기 시작했고 고등학교에 진학한 후에는 시를 끄적거리기 시작했다. 그러다 고2 우리 학교 '문학의 밤'에 내 기억으로는 '바람이여/네가/내게로 지순한 미소를 지으며 달려왔을 때/ 나는 파랗게 손뼉 치는 빛나무'…. 로 시작하는 「빛나무」라는 시를 발표했는데 초청 문인으로 오셨던 청록파 시인으로 명성이 드높았던 박목월 선생님께서 많은 학생 앞에서 나의 시를 극찬해주셔서 어깨가 으쓱했던 기억이 난다.

마침 그때 나는 〈양정 월계수〉라는 학교 신문 학생 기자를 하고 있었는데 박목월 선생님께 〈양정 월계수〉 창간 20주년 기념 축시를 부탁드리려 원효로에 있는 선생님 댁을 방문하여 문을 두드리자, 선생님께서 나를 알아보시고 "어서 오너라. 요즘도 시를 쓰고 있니?"라고 내 손을 반갑게 잡아주며 환대해주셨던 그 뜨거운 순간이 나에게 박목월 선생님 같은 시인이 되기로 결심하게 했다.

지금 나는 박목월 선생님 같은 훌륭한 시인이 되지는 못했지만, 시인으로서 여러 편의 시집을 내며 지금까지 시를 쓰며 살고 있다. 만남이란 이렇게 사람의 행로를 바꿔 놓기도 한다.

## 배신한 사람 대처하기

믿었던 사람에게 배신을 당하면
그것처럼 속상한 일은 없다.
그런데 요즘은 그렇게 속상해하지 않는다.

나 자신도
나 자신에 했던 약속도 수없이 어겼는데

남이 나를 배신하였다고
죽일 놈 하며 원망하지 않기로 했다.

대신 그의 사람됨을 알았으니
다시는 그와 일을 도모하지는 않는다.

그러나 절대로 티를 내지 않는다.
그가 어떤 제안을 해오면

기름장어 빠져나가듯 빠져나가고
웬만해선 접점을 만들지 않는다.

# 보이는 것이 다가 아니다

사람들은 숲의 고요함이 참 좋다고 한다.
그러나 그 고요하다는 숲을 자세히 들여다보면
식물 간에 생존을 위한 영토를 지키고
세력을 확장하기 위하여
처절한 전쟁을 벌이고 있다는 것을 알 수 있다.

그냥 바라보고 쉽게 말하지 마라.
보이는 것이 다가 아니다.

# 사랑이란

백련초해(百聯抄解)에 쓰여 있는 한시(漢詩)에
꽃은 피어도 소리가 나지 않고 (花笑檻前聲未聽)
새는 울어도 눈물이 보이지 않는다(鳥啼林下淚難看)라는 구절이 있다.

사랑도 그러하다.
진정한 사랑은 아무리 뜨거워도
고요하고, 깊게 타오른다.

## 삶의 무상함과 깨달음

요즘 들어 부쩍 주변의 가까웠던 문화예술계 인사들의 타계 소식이 전해져 온다. 참으로 안타까운 마음이다. 가까웠던 분들의 부고는 삶의 무상함을 느끼게 하고, 우리에게 남은 시간을 되돌아보게 한다.

얼마 전까지만 해도 환한 웃음으로 예술에 대한 뜨거운 열정을 나누셨던 그분들의 모습이 아직도 눈에 선한데, 이제는 영원히 그 목소리를 들을 수 없다는 사실이 믿기지 않는다.

타계하신 분 중에는 문화예술인으로서 화려한 길을 걸어오셨던 분들도 있지만 화려함과는 거리가 멀었지만, 뚝심 있는 작품 세계를 통해 많은 이들에게 깊은 울림을 주셨던 분들도 있다.

그분들 모두 각자의 자리에서 빛나는 발자국을 남기셨기에, 그 빈자리가 더욱 크게 느껴진다. 친근했던 이들의 연이은 타계 소식은, 제게도 삶의 황혼이 가까워 왔음을 조용히 알려주는 듯하다.

젊음의 날들은 빠르게 흘러갔고, 어느덧 인생의 뒤안길을 걸어가고 있다. 문득, 앞으로 내게 주어진 시간이 얼마나 남았을까 헤아려본다. 돌이켜보면, 아쉬움과 후회로 점철된 순간들도 있었다. 좀 더 용기를 낼 걸, 좀 더 솔직할 걸, 좀 더 많은 시간을 함께할 걸… 하는 숱한 생각들이 머릿속을 스쳐 지나간다. 그러나 인제 와서 과거를 붙잡고 후회하기보다는, 앞으로 남은 시간을 어떻게 채워나갈지 고민해야 할 때다.

떠나신 분들이 생전에 보여주셨던 열정과 헌신,
그리고 인간적인 따뜻함을 기억하며,
나 또한 남은 여정을 의미 있게 보내고 싶다.

작은 일이라도
나만의 방식으로 세상을 아름답게 만드는 일,
주변 사람들에게 따뜻한 마음을 전하는 일,
그리고 무엇보다 나 자신에게 솔직하고 충실한 삶을 살아가는 것.
그것이 아마도 먼저 떠나신 분들을 기리는 가장 좋은 방법일 것이다.

삶의 마지막 페이지를 향해 나아가는 이 길 위에서,
매 순간을 소중히 여기며,
후회 없이 아름다운 마침표를 찍을 수 있기를 간절히 소망한다.

부디 먼저 떠나신 분들께서
편안한 영면에 드시기를 기도한다.

# 삶의 순환

어느덧 나이가 들어감에 따라, 지인들의 부고 소식이 심심찮게 들려온다.

젊은 시절 함께 웃고 떠들던 친구,
어려운 시기를 함께 헤쳐나갔던 동료, 존경했던 스승까지….
그들의 갑작스러운 부재는
가슴 한편에 깊은 슬픔과 허전함을 남긴다.

고인의 마지막 모습을 떠올리며,
그들의 따뜻했던 미소,
유쾌했던 농담,
때로는 진지했던 조언들이 주마등처럼 스쳐 지나간다.

더 그들과 함께 시간을 보낼 수 없다는 사실이 안타깝고,
그들의 빈자리가 크게 느껴진다.

하지만 시간이 흐르면서,
우리는 삶의 순환이라는 자연의 섭리를 받아들이게 된다.
태어나고, 살아가고, 결국에는 떠나가는 것.
이것은 거스를 수 없는 자연의 이치이며,

우리 모두에게 주어진 숙명이다.

고인들의 삶은 비록 짧았을지라도,
그들이 남긴 흔적은 우리 마음속에 영원히 기억될 것이다.

이제 우리는 슬픔을 딛고 일어나, 그들의 삶을 기억하며,
그들의 삶을 통해 삶의 소중함을 깨닫고,
또한, 언젠가 우리에게 다가올 마지막 순간까지
주어진 시간을 더욱 의미 있고
후회 없이 살아가도록 노력해야 할 것이다.

# 새우의 껍질

헤르만 헤세의 소설 『데미안』에

“새는 알에서 나오려고 투쟁한다.
알은 세계이다.
다시 태어나려는 자는 하나의 세계를 파괴해야 한다.”라는
유명한 구절이 있다.

이 구절은
새로운 삶을 살기 위해서는
기존의 틀을 깨고
자신을 변화시켜야 한다는 의미를 담고 있다.

새우가 성장하기 위해
딱딱한 껍데기를 벗어던지듯,

우리도 더 나은 삶을 살기 위해서는
끊임없이 자신을 변화시켜야 한다.
변화를 두려워하며
기존의 안락함에만 머무른다면,

성장이 멈추는 것은 물론 결국은 도태될 수 있다.

새로운 것을 배우고,
낯선 경험에 도전하며,
어제의 나를 뛰어넘으려는 노력이
바로 '껍질을 벗는 행위'이다.

이는 때때로 고통스럽고 힘든 과정일 수 있지만,
그 투쟁 끝에
우리는 더욱 단단하고 성장한 모습으로
거듭날 수 있다.

## 생활 속의 근거 있는 금기어

첨단과학이 고도로 발달한 현재에도
우리 민족의 의식구조 속에는 금기어가 살아있다.

이러한 금기어의 상당수가
미신에서 유래된 것이라고 치부할 수도 있겠지만
생활 속에서 터득한 것으로
상당히 근거가 있는 것에서 유래된 것일 수도 있어 소개한다.

· 한 세숫대야의 물로 세수하지 않는다. (위생)
· 게를 먹고 설탕이나 꿀을 먹으면 해롭다. (식중독 방지)
· 누워서 음식을 먹으면 가난해진다. (건강에 유해)
· 남의 자식 흉보면 자기 자식도 그 아이를 닮는다. (윤리 도덕)
· 부뚜막 위에 칼을 올려놓으면 불길하다. (도둑, 위험방지)
· 음식 먹을 때 잔소리 많이 하면 가난해진다. (예의범절)
· 개미 떼가 구멍에서 나와 행렬을 지으면 큰비가 내리거나 홍수가 난다. (기상과학)
· 겨울에 춥지 않으면 병이 생긴다. (해충번식, 과학)
· 집터가 낮으면 병이 생긴다. (위생, 과학지식)
· 다리미 불을 쬐면 재수 없다. (위험방지)

· 공것을 너무 바라면 대머리가 된다. (처세)

· 나이를 늘이거나 줄이면 빨리 죽는다. (정직, 솔직)

· 노인이 한숨을 자주 쉬거나 자주 울면 집안이 망한다. (걱정, 비관 방지)

· 초상집(잔칫집)에 손님이 없으면 집안 망한다. (개인주의, 비 사교성 경계)

· 집안에 거미줄이 많으면 가난해진다. (불결, 태만에 대한 주의)

· 남의 몸을 함부로 넘어가면 불길하다. (예의)

· 고부간에 화합하지 않으면 집안이 망한다. (가정 화목)

· 거울을 깨뜨리면 재수 없다. (상처 위험 경고)

· 나비 만진 손으로 눈 비비면 눈이 먼다. (위생)

· 밥을 먹을 때엔 개도 안 때린다. (사람존중)

## 서로 다르다는 것을 인정하자

세상을 살아가다 보면
눈에 거슬려 눈살을 찌푸리게 하는 사람들이 많다.

어느 날부터인가 다양한 세상 사람들을
있는 그대로 인정해주면서부터
그런 일이 현격히 줄게 되었다.

사람들은 태어나면서부터
각기 다른 성장 배경 속에서 자라나
저마다 세상사를 보는 마음의 자를 가지고 있다.

누구에게는 받아들일 수 있는 행동이
또 누구에게는 도저히 받아들일 수 없는 일이 된다.

까치가 아무리 노력한들
독수리가 될 수 없듯이
사람들은 저마다 다르기에
노력한다고 하더라도 같은 생각을 하는 사람이 될 수 없다.

그것을 서로 인정해야만
서로 어울려
이 험난한 세상을
함께 살아갈 수 있다.

# 소모적인 만남이나 모임

만남이나 모임 중에는 소모적인 만남이나 모임도 있다.
소모적인 만남이나 모임이란
만나도 그만, 안 만나도 그만, 가도 그만, 안 가도 그만인
만남이나 모임을 말한다.

그런 만남이나 모임은
과감히 가지치기하는 것이 현명하다.

안 가면 뒷담화를 들을까 꺼림칙해서
간다면 아주 멍청한 짓이다.

뒷담화를 하는 부류의 사람과의 만남이나 모임이라면
무시해도 좋다.

그럴 시간이 있다면
나 자신에게 투자하거나,
나와 가까운 사람들에게 정성을 더해주는 것이 백번 옳다.

## 솔직한 얘기

페이스북이나 인스타에 글을 게시하였을 때 그냥 '좋아요'나 'like'를 달아줄 때는 일일이 답글을 올리지 않아도 괜찮겠지만 이모티콘이나 댓글을 달아주는 고마운 분들에게는 나는 아무리 그 수가 많아도 답글을 반드시 올린다. 그것이 없는 시간을 내어 이모티콘이나 댓글을 달아주신 분에 대한 예의라고 생각하기 때문이다.

그래서인지 역으로 내가 남이 올린 글에 내가 댓글을 올렸을 경우 아무런 응답이 없으면 좀 섭섭하다. 그렇지만 마음에 두지는 않는다. 그러나 용건이 있어 내가 누구에게 문자 메시지를 보냈는데도 요즘 소위 말하는 '읽씹'하고 지나가 버리면 무시당했다는 기분이 들어 불쾌하다.

예를 들어 어렵게 시간을 내어 어떤 분의 공연에 참석하여 공연이 끝나고 돌아오는 길에 '공연을 축하한다', '수고했다'라고 문자를 보내거나, 공연 리뷰까지 정성들여 작성하여 페이스북과 인스타에 올려주었는데도 '읽씹'하고 넘어가는 싹수없는 사람들도 있다. 자신이 잘났으니까 아부하는지 아는가 보다. 절대 그렇지 않다.

내 경우에는

일단 사람됨이 아니라는 생각이 들면
티가 안 나게 다시는 그 사람과의 접점이 생기지 않도록 한다.

그가 접촉을 요청하면
'일정이 안 맞는다', '다음에 만나자'라는 등 온갖 핑계를 대 만나지 않고
공연장이나 행사장에서 우연히 마주쳐 내가 먼저 보면 자리를 피하거나
그러지 못하면 눈인사만 하고 바로 자리를 피한다.

그런 사람에게
말로 당신과 의절한다는 어리석은 말은 결코 안 한다.
그냥 접점을 만들지 않는다.
사람은 변하지 않기 때문에
그러한 사람과 일로 섞이면 반드시 다시 한번 마음의 상처를 받는다는
불변의 사실을 일찍이 경험하였다.

그런 나를 속이 좁다고 해도 관계없다. 이 세상은 내 생각대로 사

는 것이 가장 현명한 것이지, 남의 말에 휘둘리며 사는 것은 결코 지혜로운 일이 아니다.

내가 너무 솔직히 내 속을 털어놓았나? 이 글을 읽고 나와의 관계를 정리해야지 하는 분들도 있을 것이다. 그래도 좋다. 나를 진정으로 이해해 주는 좋은 분들과 서로 소통하며 지내는 데에도 인생은 너무 짧으니까.

# 시간 앞에 겸손해야 한다

요즘 들어 지인들의 부음을 자주 접한다.
다시 뵐 수 없다고 생각하니 인생사 허무하고 서글프다.

게 중에는 한 시대를 풍미하셨던 분도 계시다.
그러나 영광의 시간은 영원하지 못했고
이제는 다시 돌아오지 못할 길로 떠났다.

한 시대가 저물고
새로운 시대가 시작되었다는 의미이기도 하다.
도도히 흘러가는 시간을 누가 거스를 수가 있겠는가?

흘러가는 시간 앞에는
누구나 겸손해야 한다.

# 2

# 나를 토닥이며

## 지금, 이 순간

내일은 다시 오지 않을 수 있는 것이
사람의 삶이다.
건강했던 사람이 갑자기 세상을 떠나는 것을 수없이 보았다.

어제의 '오늘'은 이미 지나갔고,
내일의 '오늘'은 아직 오지 않았다.

오직 지금,
이 순간의 '오늘'만이 우리에게 주어진 유일한 시간이다.

오늘이 내 생의 마지막 날일 수 있다는 생각으로
오늘이라는 시간이 주어진 것을 감사하게 여기고

멋진 하루를 살자.

# 은인 같은 원수

살아가다 보면 예측할 수 없는 폭풍우와 만나기도 한다. 때로는 거센 바람과 쏟아지는 비가 우리를 휩쓸어, 깊은 절망의 늪으로 밀어 넣기도 한다. 특히, 악인으로부터 받는 핍박과 고난은 그 어떤 시련보다도 가혹하고 고통스럽다. 하지만 역설적이게도, 이러한 고난은 우리를 더욱 강하게 만들고, 삶의 깊이를 더해주는 소중한 밑거름이 될 수 있다.

폭풍우에 시달리는 초목은 거센 바람에 맞서기 위해 더욱 깊이 뿌리를 내린다. 마찬가지로, 악인과의 고난을 겪는 사람은 고통 속에서 자신을 지키고 살아남기 위해 강인한 정신력을 키우게 된다. 절망적인 상황 속에서도 희망의 끈을 놓지 않고, 자신을 스스로 일으켜 세우는 과정에서 인간은 놀라운 회복력과 잠재력을 키워나가게 된다.

고난은 우리에게 지혜와 지식을 선물한다. 악인의 부당함에 맞서 싸우는 과정에서 세상의 이치를 깨닫고, 인간 본성에 대한 깊은 통찰력을 얻게 된다. 고통을 통해 얻은 지혜는 앞으로 다가올 어떤 어려움도 헤쳐나갈 수 있는 강력한 무기가 되어준다.

악인을 미워하는 것은 어쩌면 당연한 감정일지도 모른다. 하지만 미움은 또 다른 미움을 낳고, 증오는 복수를 부를 뿐이다. 악인에게 복수하는 대신, 그 고난을 성장의 발판으로 삼는다면 미움의 감정에서 벗어나 진정한 자유를 얻을 수 있다.

악인과의 고난을 통해 우리는 연약한 존재에서 강인한 인간으로 거듭난다. 고통 속에서 피어난 지혜와 용기는 우리를 더욱 성숙하게 만들고, 삶의 의미를 깨닫게 한다. 악인에게 받은 상처를 용서하고, 그 고난을 통해 성장한 자신에게 감사할 때, 우리는 비로소 진정한 승리자가 될 수 있다.

폭풍우는 언젠가 멈추고, 다시 맑은 하늘이 드러날 것이다. 악인과의 고난 또한 언젠가는 끝이 나고, 우리는 더욱 아름다운 꽃을 피워낼 것이다. 고난을 통해 얻은 지혜와 용기는 우리를 더욱 강하게 만들고, 앞으로 다가올 어떤 어려움도 헤쳐나갈 힘을 줄 것이다.

악인으로 받는 고난은
우리를 파괴하는 것이 아니라,
더욱 강하게 만드는 성장통이라 여기자.

고통 속에서 피어난 아름다운 꽃처럼,
우리는 고난을 통해
더욱 빛나는 존재로 거듭날 수 있다.

# 앵무새 같은 사람

사람 말을 잘 흉내 내는 앵무새 한 마리가 있었다고 한다.
"어서 오세요." "사랑합니다." "안녕히 가세요."

얼마나 아름다운 말인가?

그 집에 도둑이 들었다.
도둑이 들어오자 앵무새가 말했다. "어서 오세요."

도둑이 온 집을 뒤져 물건을 훔쳤다.
그러자 앵무새가 "사랑합니다."

도둑이 돌아가는데 앵무새가 말했다. "안녕히 가세요."

세상에는 진리를 알면서도 실천하지 않고
앵무새처럼 말만 잘하는 사람들이 의외로 많다.

# 인간의 한계

밝아야 멀리 볼 수 있다고들 하지만
어두워야
수십 광년 떨어진 별이 보인다.

눈을 감으면
눈으로 볼 수 없는 더 큰 세상이 보인다.

가장 많이 아는 사람은
자신이 아무것도 모른다는 것을 아는 사람이다.

# 어떤 선배로 기억되어야 할까

요즘 이곳저곳 선배님들이나 친구의 문상을 다니면서 느끼는 것은
뒷모습이 깔끔한 선배로 기억되며
세상을 떠나야겠다는 생각으로 정리되는 것 같다.

어떤 선배가 뒷모습이 깔끔한 선배일까?

첫째, 자신의 이익보다는 후배를 배려하고 베풀면서 살았던 선배.
둘째, 자신의 영역에서 널리 도움이 되는 일을 서슴지 않았던 선배.
셋째, 자신을 돋보이려 하거나 대접받으려 하지 않고 후배를 칭찬으로 성원하던 선배.
넷째, 끊임없이 묵묵하게 자기계발을 위해 노력하던 선배.
다섯째, 불의에 굴복하지 않고 용감하게 맞서던 선배.

결국, 이타적인 삶을 살았던 선배가
깔끔한 선배로 기억된다는 생각으로 정리가 된다.

지금까지는 부족했다 하더라도
지금부터라도 그렇게 살기로 하자.

## 어르신의 엉뚱한 상상

어른들이 젊은 세대에게 조언하는 모습은 익숙하다. 그러나 반대로 젊은 세대가 어르신 세대에게 진심 담긴 충고를 드린다면, 아마 이런 충고를 드리지 않을까 상상해본다.

“어르신들, 이제는 조금 내려놓으시고, 현재를 마음껏 즐기셨으면 좋겠습니다.” 혹은 “이제는 무거운 짐 모두 내려놓으시고, 지금, 이 순간의 행복에 집중하시면 좋겠습니다.” 혹은 “젊은 날의 꿈을 다시 펼쳐 보이시거나, 미뤄두셨던 취미 활동을 시작하시거나, 사랑하는 사람들과 더 많은 시간을 보내시는 것도 좋을 것 같습니다.” 고마운 조언이다.

이런 종류의 조언도 할 것 같다. “새로운 것에 대한 호기심을 잃지 않으셨으면 좋겠습니다.” 혹은 “빠르게 변화하는 세상 속에서 새로운 기술이나 문화에 적응하시기가 쉽지 않으시겠지만, 끊임없이 배우고 도전해보시면 어떨까요?” 혹은 “손자, 손녀들과 새로운 앱을 함께 사용해 보시거나, 새로운 음식을 맛보시거나, 예전에는 몰랐던 분야의 책을 읽어보시는 것도 좋은 경험이 될 수 있을 거예요.” 이것도 고마운 조언이다.

또 이런 조언은 반드시 나올 것 같다. "우리 젊은 세대를 인정해주시고, 이해해 주시고, 우리 이야기에 귀 기울여 주시고, 우리의 문화를 이해하려고 노력해주시면 고맙겠습니다." 물론이다. 세대 간의 틈을 좁히기 위해서는 상대방을 인정하고 이해하려는 자세가 필요하다.

그리고 착한 젊은이라면 이러한 조언을 해줄 것이다. "건강을 잘 챙기시고, 자신을 아끼시는 시간을 가지셨으면 좋겠습니다." 혹은 "규칙적인 운동과 건강한 식습관을 유지하시고, 좋아하는 활동을 통해 즐거움을 느끼시길 바랍니다. 혼자만의 시간을 가지며 마음을 돌보시는 것도 중요합니다."

그리고 마지막으로 이러한 충고를 할 것이다. "삶의 지혜와 연륜을 바탕으로 젊은 세대에게 따뜻한 격려와 응원을 보내주시면 감사하겠습니다." 혹은 "따끔한 충고보다 따뜻한 격려 한마디가 우리에게 큰 힘이 될 수 있습니다."

이것은 상상의 글이다. 그러나 우리에게도 젊은 시절이 있었다. 우리가 젊은 시절을 회상해보면 윗글은 일리 있는 글이라는 것을 인정할 것이다. 우리가 젊었을 때 추한 모습으로 늙어가는 사람들을 바라보며 속으로 무어라고 했는가?

"곱게 늙어라." 혹은 "나는 저렇게 추하게는 늙지 않겠다."
그렇다면 젊었을 때의 다짐을 잊지 말고 행하자.

곱게 늙자.

## 영원한 심복은 없다

'심복(心腹)'이란 말은 본래 배와 가슴을 아울러 이르는 말이지만, 흔히 마음 놓고 믿을 수 있는 아랫사람을 뜻하는 말로 쓰인다. 특히 CEO와 같은 조직의 최고 책임자에게는 자기 뜻을 잘 헤아리고 충성스럽게 따르는 심복의 존재는 큰 매력으로 다가온다.

하지만 냉혹한 현실 속에서 영원한 심복은 존재하기 어렵다. 이해관계가 충돌하거나 상황이 변하면 언제든 배신으로 이어질 수 있기 때문이다.

CEO가 심복을 두려는 욕심은 어쩌면 인간적인 본능일지도 모른다. 하지만 그러한 욕심은 조직의 공정성과 투명성을 해치고, 구성원 간의 불신과 갈등을 초래할 수 있다. 특정 인물에게 과도한 권한과 책임을 부여하는 것은 조직의 건강한 성장을 저해하고, CEO 개인에게도 위험을 초래할 수 있다.

그렇다면 CEO는 어떻게 조직을 이끌어야 할까? 가장 중요한 것은 공정하고 투명한 원칙과 시스템에 기반한 리더십이다. 개인적인 친분이나 충성심이 아닌, 객관적인 성과와 능력에 따라 평가하고 보상해야 한다. 이는 구성원들의 공정한 경쟁을 유도하고, 조직 전체의 효율성을 높이는 데 기여한다.

특정 인물에게 의존하기보다는 다양한 구성원의 의견을 경청하고 반영해야 한다. 이는 편향된 의사결정을 방지하고, 조직의 창의성과 혁신을 촉진한다. 특정 인물에게 권한이 집중되는 것을 방지하고, 각 구성원에게 명확한 역할과 책임을 부여해야 한다. 이는 조직의 안정성을 높이고, 위기 상황에서도 유연하게 대처할 수 있도록 돕는다.

개인적인 판단이나 감정에 의존하기보다는 명확한 시스템과 프로세스를 통해 조직을 관리해야 한다. 이는 조직의 투명성을 높이고, 예측 가능한 경영을 가능하게 한다.

CEO는 조직의 공정한 시스템을 구축하고, 구성원들이 자신의 역량을 최대한 발휘할 수 있도록 지원해야 한다. 개인적인 친분이나 충성심에 의존하는 리더십은 결국 조직 전체를 위험에 빠뜨릴 수 있다는 점을 명심해야 한다. CEO는 조직의 비전과 목표를 제시하고, 구성원들이 함께 성장할 수 있도록 돕는 진정한 리더가 되어야 한다.

## 요즘 나온 말, B.C와 A.D

예수 탄생 이전을 B.C(Before Christ), 이후를 A.D(Anno Domini)로 구분하듯, 요즘 우스갯소리로 코로나19 이전 시대를 B.C(Before Corona), 이후 시대를 A.C(After Corona)로 나누어 부른다. 이는 팬데믹이 우리 삶에 얼마나 깊은 변화를 가져왔는지 잘 보여주는 말이다. 그렇다면 이러한 사회에서 우리는 어떠한 마음가짐으로 살아가야 할까?

코로나19는 예측 불가능성이 일상이 될 수 있음을 깨닫게 했다. 과거의 방식과 고정관념에 얽매이지 않고, 새로운 기술과 시스템, 그리고 전에 없던 상황에 기꺼이 적응하려는 유연한 태도가 중요해졌다. 단순히 변화를 받아들이는 것을 넘어, 변화 속에서 새로운 기회를 발견하고 창조적으로 대응하는 능력이 필요하다.

디지털 기술을 익히고, 다양한 업무처리 방식과 소통 채널에 익숙해지는 것은 물론, 개인의 삶에서도 예상치 못한 상황에 대처할 수 있는 정신적 유연성을 기르는 것이 필요하다. 세상은 달라졌다. 이 점을 인정해야 한다.

팬데믹으로 우리는 사회적 고립감과 양극화가 심화하였다. 이러한 시기에 타인의 어려움에 귀 기울이고, 서로의 다름을 이해하며, 함께 문제를 해결하여 더불어 살아가는 지혜를 구하는 공감과 연대 의식이 필요하게 되었다.

비대면 소통이 활발해졌지만, 역설적으로 대면 접촉의 중요성과 인간적인 유대의 가치를 다시금 깨닫게 되었다. 기술을 통한 연결을 넘어, 마음과 마음이 이어지는 진정한 공감과 연대가 더욱 중요해진 시점이다.

팬데믹이라는 혼란스러운 시기를 겪으며 우리는 삶의 진정한 가치와 우선순위에 대해 깊이 생각할 기회를 얻게 되었다. 물질적인 풍요를 넘어 정신적인 건강, 가족과의 시간, 자연과의 교감 등 내면의 충만함을 추구하는 성찰의 시간이 중요할 것이다.

이러한 성찰을 바탕으로 우리는 앞으로 닥쳐올 또 다른 위기에 대비하고, 역경 속에서도 다시 일어설 수 있는 회복 탄력성을 키워야 한다. 이는 단순히 개인적인 차원을 넘어, 사회 시스템과 정책적인 측면에서도 지속 가능한 발전을 위한 중요한 요소가 될 것이다.

코로나19 이후의 사회는 과거와는 다른 모습으로 진화하고 있다. 이러한 변화 속에서 유연하고 공감하며 성찰하는 마음가짐은 우리가 새로운 시대를 성공적으로 헤쳐나가고, 더욱 건강하고 지속 가능한 사회를 만들어가는 데 필수적인 나침반이 될 것이다.

## 우리는 잠시 머물다 가는 손님

이 지구상에는 나를 포함하여 헤아릴 수 없는 수많은 생명체가 살아가고 있다. 수많은 동물과 식물, 눈에 보이지 않는 미세한 세균과 다채로운 원생생물까지, 그 모습과 살아가는 방식은 모두 다르지만, 결국 시간의 흐름 속에서 태어나 늙고 병들어 죽음을 맞이하는 생로병사의 굴레를 벗어날 수 없는 존재들이다.

그 누구도 스스로 원해서 이 세상에 태어난 것은 아닐 것이다. 어쩌면 삶이란 그저 주어진 숙명과 같은 것인지도 모른다. 그렇기에 다른 생명에게 해를 끼치지 않고 더불어 살아가는 것이 가장 이상적인 삶의 모습일 테지만, 현실은 녹록지 않다.

많은 생명체는 필연적으로 다른 생명체에 의존해야 하거나, 먹고 먹히는 먹이사슬 안에서 살아남아야 하는 제약을 안고 있다. 하지만 이러한 의존성은 불가피한 최소한에 머물러야 하며, 가능한 한 다른 생명체의 목숨을 앗거나 고통을 주지 않도록 하는 노력이 우리가 지향해야 할 자세일 것이다.

인간을 제외한 대부분의 생물체는 본능적으로 생존에 필요한 만큼만 취하며, 오랜 시간 동안 자연의 균형을 유지하며 살아왔다. 그들은 주어진 환경 안에서 서로 영향을 주고받으며, 때로는 경쟁하고 때로는 협력하며 조화로운 생태계를 이루어왔다.

하지만 유독 인간만이, 다는 아니겠지만 때로는 맹목적인 탐욕에 눈이 멀어 생존에 필요한 수준을 넘어선 과도한 욕망을 추구하며 지구 생태계를 심각하게 파괴하고 있어 안타깝다.

우리가 무심코 행하는 행동들이 수많은 생명의 터전을 앗아가고, 예측 불가능한 기후 변화를 초래하며, 결국 우리 자신을 포함한 모든 생명의 미래를 위협하고 있다는 사실을 간과해서는 안 된다. 지금 우리가 누리는 풍요와 편리함은, 어쩌면 미래 세대가 누려야 할 당연한 권리를 빼앗아 얻은 것일 수도 있다.

이제 우리는 자신에게 질문해야 한다. 과연 우리는 이 지구의 주인인가, 아니면 잠시 머물다 가는 손님인가. 만약 우리가 잠시 머물다 가는 손님이라면, 이 아름다운 행성을 함부로 훼손할 권리는 없다. 오히려 다음 세대, 그리고 앞으로 살아갈 모든 생명체에게 건강하고 풍요로운 터전을 물려줄 책임이 우리에게 있다.

서로의 존재를 인정하고 존중하는 마음, 그리고 우리가 발 딛고 살아가는 이 소중한 생태계를 지키려는 노력이 절실하다. 지금부터라도 탐욕을 절제하고, 공존의 지혜를 발휘하여 지속 가능한 미래를 만들어나가야 할 것이다. 우리가 물려받은 이 푸른 행성을, 우리 후손들도 아름답게 누릴 수 있도록 함께 지켜나가야 할 책임이 우리 모두에게 있음을 잊지 말아야 한다.

## 원수를 갚는 법

살다 보면 자신에게 막대한 피해나 마음의 상처를 깊이 주는 사람으로 인해 마음고생을 할 때가 있다. 미워하면 할수록 내가 괴로워서 피해를 준 상대방의 입장에 서서 백번 양보하여 이해하고 용서하려 해도 용서가 되지 않는 사람이 있다. 영화를 보다 보면 준비를 철저히 하여 상대방의 목숨까지 거두어버리거나 회생불능의 경지까지 끌고 가 통쾌하게 응징하는 영화가 국내외를 막론하고 많다.

오죽하면 "법이 없다면 죽이고 싶다." 혹은 "소리 나지 않는 총이 있다면 쏴 죽이고 싶다."라는 말이 있을까. 그러나 그것은 가해자와 똑같은 형편없는 사람이 되겠다고 하는 것과 같다. 그렇다고 성인군자도 아니고 용서만이 정답은 아닐 것 같다.

남의 이야기 하기보다 내 경우를 예로 들어보겠다. 내 경우도 야비한 방법으로 나를 철저히 짓밟고 그것도 모자라 나를 직장에서 나갈 수밖에 없는 상황까지 끌고 간 상사가 있었다. 용서가 되지 않았다. 처음에는 어떻게 하면 복수를 할 수 있을까 하고, 여러 방법을 다 생각해보았다.

그러한 과정에 그에 대한 나의 분노와 적개심은 더욱 커갔고, 내 마음은 더욱 황폐해졌다. 직장을 그만두고 1년이 지나고 2년이 가도 그에 대한 원망은 조금도 줄어들지 않았고, 내 삶은 더욱 초라해지고, 메말라 갔다.

그러던 중 지금은 고인이 되신 나의 멘토이신 선생님께서 조용히 나를 불러 종이 한 장을 건네주었다. 그 종이에는 이런 글이 적혀있었다.

"그를 절대로 용서하지 마라. 그는 네가 황폐한 삶을 살아갈지라도 죄책감 없이 자기 방식대로 잘 살아갈 것이다. 그러나 너는 그에 대한 분노의 노예가 되어서는 안 된다. 그 일은 과거에 있었던 일이다. 그때의 일로 너의 오늘과 미래를 망치지 마라. 네가 그에게 당한 것은 네가 약자였기 때문이다. 욕됨을 당분간 잊고, 너의 퀄리티를 높여 나가라. 간단히 줄여 말한다면, 욕됨을 참고 정진한다는 의미의 인욕정진(忍辱精進)하라는 말을 네게 주고 싶다."

나는 그 글을 읽고, 또 읽었다. 일단 그렇게 하기로 마음먹었다. 그 후에 나는 그를 잊고 나의 브랜드를 높여 가는 일에 전념하였다. 그 일이 있고 난 뒤 하늘이 도운 점도 있었겠지만 나는 승승장구하여 마침내 그와 대등한 위치에 이르렀다. 그에 대한 적개심으로 불탔던 과거의 나에게서 나는 어느 정도 거리를 둘 여유도 생겼다.

그는 다른 일로 몇 년 전 감옥에 갔다가 형기를 마치고 나와 활동을 하고 있으나 나하고의 접점은 없다. 아니, 내가 접점을 만들지 않는다. 한편으로는 그가 고맙기도 하다. 그 때문에 나는 마음을 고쳐잡고 더욱 정진할 수 있는 계기가 마련되었고, 오늘의 나로 성장할 수 있었기 때문이다. 어찌 보면 그는 나의 은인이기도 하다. 어쨌든 나는 그에게 원수를 갚은 셈이다.

# 위기와 기회

현 상황이 위기라 생각하시는 분들에게
꼭 드리고 싶은 말이 있다.

위기는 극복하려는 자에게는 기회가 되지만
타협하려는 자에게는 그저 위기일 뿐이다.

정직하게,
정면 돌파하라.

그래야
후회가 남지 않는다.

## 위험하고 간교한 양비론

양비론은 대립하는 두 입장을 모두 비판하며 어느 쪽도 옳지 않다고 주장하는 태도를 말한다. 때로는 마치 균형 잡힌 시각처럼 보일 수 있다.

그러나 양비론은 때때로 문제의 핵심을 흐리게 하여 책임 소재를 불분명하게 만들 수 있다. 특히 사회적 갈등이나 정치적 위기 상황에 부닥쳐있는 우리 사회에 일부 언론이나 자칭 지식인들 사이에 만연돼 있어 심히 우려스럽다.

예를 들어 A도 잘못이지만 B도 잘못이야. 어찌 보면 공정하고 균형 잡힌 비판인 것처럼 보인다. 하지만 A의 잘못과 B의 잘못이 어떻게 똑같을 수가 있을까? 양비론은 잘못의 경중을 따지지 않고 양쪽 모두에게 책임을 물어 심각한 잘못을 저지른 주체를 감싸는 결과를 낳을 수 있다.

양쪽 모두에게 책임을 묻는 양비론은 문제 해결을 위한 구체적인 논의를 어렵게 만들고, 결국 문제 해결을 지연시켜 건설적인 해결책 모색을 방해하고 갈등을 장기화시킬 수 있다.

그리고 옳고 그름에 관한 판단을 흐리게 하여 도덕적 해이를 불러

일으킬 수 있으며, 잘못된 행동에 대한 비판을 무력화하고, 잘못된 행동을 정당화하는 수단으로 악용될 수 있다. 게다가 양비론은 세상의 모든 갈등을 냉소적으로 바라보게 하고, 사회 문제에 대한 무관심을 조장할 수 있어 사회 발전을 저해한다.

어떠한 입장과 현상이 대립할 때 대립하는 두 입장이 항상 동등한 무게를 갖는 것은 아니다. 한쪽의 잘못이 더 명백하거나 심각할 수 있다. 그렇기에 양비론은 이러한 차이를 무시하고 모든 입장을 동등하게 취급하는 오류를 범할 수 있다.

지금 우리 사회에서 첨예하게 대립하고 있는 진보진영과 보수진영의 싸움에서도 분명 더 잘못한 쪽이 있을진대 양비론적 관점에서만 바라볼 일은 아닐 것 같다. 책임져야 할 명백한 일이 있다면 반드시 책임을 져야 할 것이다. 그래야 우리 사회가 발전할 수 있다.

양비론은
중립이라는 이름으로 방관하는 태도를 정당화할 수 있다.
따라서 양비론을 펼칠 때는 신중하게 판단해야 하며,
문제의 본질을 흐리거나
책임 회피의 수단으로 악용되지 않도록 유의해야 한다.

## 유암화명우일촌(柳暗花明又一村)

중국 송나라 시인 육유(陸游)는
'유산서촌(遊山西村)'이라는 시(詩)에서
유암화명우일촌(柳暗花明又一村)이라고 노래했다.

이 말은 '버드나무 흩날리고 꽃이 피어오르는 그곳에
또 다른 마을이 나타난다'라는 뜻으로
길이 좁고 막힌 듯하지만,
곧 아름다운 경치가 펼쳐진 새로운 마을이 나타난다는 의미로 쓰였다.

다시 말해 어렵고 절망적인 상황 속에서
새로운 희망이나 해결책을 찾게 되거나,
막다른 길에 다다랐다고 생각했을 때 뜻밖의 새로운 국면이 펼쳐지고,
인생에서 어려움을 겪다가
갑자기 좋은 기회나 반전을 맞이한다는 뜻으로 쓰인다.

즉, 좌절의 순간에도 희망이 있고,
어려움 뒤에는 새로운 기회가 찾아올 수 있다는

긍정적이고 낙관적인 의미를 담고 있다.
세상의 끝에는 또 다른 세상이 있기 마련이다.

절망의 순간이라도
그 상황을 벗어나기 위하여 허우적거리지 말자.
그러면 그럴수록 더 깊이 빠져들어 갈 수 있다.
이미 온 상항이니 여유를 갖고 기다리자.

기회는 준비된 자에게 온다.
그러나 집착은 하지 말자.

기회가 오면 좋고,
오지 않는다고 하더라도
인연이 없어 오지 않는 것이니
그대로 받아들이면 좋다.

천천히 걸어가다 보면
아름다운 마을을 만날 수도 있다.

# 이 시간의 주인은 바로 당신

어느 누가 당신을
행복하게 해줄 것이라고 기대하는 것은 망상이다.
야박한 말씀이지만
타인들은 그들 살기에도 힘에 버겁다.

지금 흘러가고 있는 이 시간의 주인은
바로 당신이다.

오늘 하루의 행복도
당신이 어떻게
당신의 하루를 디자인하는가에 달려 있다.

미래를 걱정하며 시간을 보내기보다는
당신에게 주어진 이 시간을
헛되이 보내지 마라.

# 이 시대의 진정한 등불

최근 선종하신 유경촌 주교님은 가난하고 소외된 이들을 위한 사회 사목 활동에 평생을 바쳤다. '가장 낮은 곳에서 가장 뜨겁게 사랑한 목자'로 불리며, 가진 것 없이 외로운 이웃들을 살피고 환경 보전에 힘썼다. 그의 겸손하고 소박한 삶은 삭막한 세상을 살아가는 우리에게 깊은 울림을 전한다.

2010년 먼저 하느님 품으로 돌아간 이태석 신부님 또한 마찬가지다. 그는 의사로서 보장된 삶을 뒤로하고, 내전과 가난으로 고통받는 아프리카 남수단의 톤즈로 향했다. 그곳에서 그는 의사이자 선생님, 음악가, 건축가로서 주민들의 몸과 마음을 치유하며 '수단의 슈바이처'로 기억되고 있다.

이 두 사람의 삶은
겉으로 보기에는 다르지만,
진정한 사랑은 말이나 지식이 아닌
행동과 희생으로 증명된다는 공통된 교훈을 보여준다.

이들은 세속적인 성공을 좇기보다,
가장 낮은 곳에 있는 이웃에게 다가가 손을 내미는 것이

신앙과 삶의 본질임을 온몸으로 실천했다.

황폐해져 가는
현대사회 속에서,
유경촌 주교와 이태석 신부는 소금과 같은 존재였다.

자신을 녹여 세상을 썩지 않게 하고,
온 세상에 사랑의 향기를 퍼뜨린
두 사람의 고귀한 헌신은
영원히 우리 마음속에 살아 숨 쉴 것이다.

## 인간은 양면적 존재

가끔 언론 보도를 접하다 보면 이 세상에는 감히 범접하기도 어려울 정도로 훌륭한 사람이 살아가고 있다는 것을 알 수 있다. 드러난 사람 말고도 이 세상에는 정말 훌륭한 사람들이 많다. 인간은 부단히 마음을 갈고 닦는다면 신의 경지까지는 아니지만 거의 신에 가까운 경지까지 갈 수 있다고 생각한다.

반면에 사람은 생명체이기에 밥을 먹어야 하고, 안정적으로 밥을 먹으려면 경제활동을 해야 하며, 배설해야 하고, 성적 본능을 따를 수밖에 없으며, 잠을 자야 한다. 그러기에 때로는 추한 구석이 있을 수밖에 없다.

그래서 사람은 그리 대단하지도 않다.
사람은 완벽하지도 않고,
때로는 실수를 하고,
모르는 것도 많기에
자신에 대한 부족함을 느끼기도 한다.

하지만 동시에
사람 누구나 고유한 가치와 잠재력을 지닌 존재이다.

어떻게 살아갈까가 늘 자신에게 건네는 화두이다.
대단치 않으므로 겸손해야 하며,
대단한 존재임으로 자긍심을 잃지 않고 사는 것이 답이 아닌가 한다.

다른 사람의 의견을 존중하고,
배려하며 살아가려는 태도와
자신의 부족함을 인정하고,
끊임없이 배우고 성장하려는 자세가 필요하다.

한편으로는 자신을 사랑하고 존중하며,
한 번밖에 살 수 없는 인생이기에,
그 누구도 챙겨줄 수 없으므로
스스로 행복한 삶을 추구해야 한다.

# 인공지능의 진정한 주인이 되려면

요즘 AI 챗GPT나 제미나이를 활용하는 분들이 많을 것이다.
참 똑똑해졌다.
그런데 문제는 천연덕스럽게 거짓말을 잘한다는 것이다.

AI는 학습 데이터에 기반해 답변을 생성하기 때문에,
때때로 사실과 다른,
즉 '환각(hallucination)' 현상이 나타날 수 있다.

이를 막기 위해서는 질문할 때
"논문이나 증명된 자료를 근거로 답변해 줘!"라고 요구하는 등
구체적이고 명확하게 지시하는 것이 중요하다.

결론적으로 사람이 인공지능보다 더 똑똑해야
인공지능의 진정한 주인이 될 수 있다.

## 인복이 지지리도 없다 하는 사람에게

왜 나는 지지리도 인복이 없지? 하면서
남 탓하며 사는 사람들이 의외로 많다.

귀인을 만나고 싶다면
먼저 자기 자신이 마음을 활짝 열고
진실하게 상대를 대해야 한다.

상대방이 마음도 열지 않았는데,
어떻게 상대방의 마음의 문에 들어갈 수 있겠는가?

내가 진실해야,
진실한 인연을 만날 수 있다.

# 인생 내비게이션

요즘 운전할 때 내비게이션은 정말 유용하다.
때로는 엉뚱한 길을 알려줘 화가 나기도 하지만,
덕분에 낯선 길도 헤매지 않고 갈 수 있으니 무척 유용하다.

인생에도 그런 내비게이션이 있다면 얼마나 좋을까?
"지금 하는 일은 잘못된 길이니 멈추고,
대신 이 사람과 함께 새로운 길을 가라"고
정확히 알려주는 내비게이션 말이다.

하지만 인생 내비게이션은 없다.
쓰라린 실패와 값진 성공을 겪으며,
스스로 '나만의 인생 지도'를 그려나가야 한다.

혹시 여러분들은 그런 지도가 없다고 생각하는가?
그렇지 않다.
당신의 마음속에 이미 존재한다.
다만 아직 발견하지 못했을 뿐이다.

이제부터라도 당신의 경험과 지혜를 더듬어
그 지도를 만들어가자.
당신이 걸어온 모든 길 위에
그 지도의 흔적이 남아 있다.

## 일하시면서 쉬시라

지금은 작고하셨지만,
자신만의 확고한 철학으로 한국 패션의 위상을 높이고,
전 세계에 한국의 아름다움을 알리는데
큰 역할을 한 인물로 평가받았던
앙드레김을 개인적으로 좋아한다.

그의 생전 어느 날 운전 중 앙드레김의 인터뷰 방송을 듣게 되었는데
진행자가 앙드레김에게
"거의 매일 낮과 밤 없이 바쁘게 일하시는데 언제 쉬시느냐?"라는 질문에
"나는 일하면서 쉰다."라는 앙드레김의 대답이 인상적이었다.

주말에도 일하는 나에게도 언제 쉬느냐는 질문을 받곤 하는데
앙드레김의 대답을 곧잘 써먹는다.
바쁘게 일하다가도 쉴 방법은 얼마든지 있다.

요즘 휴가철이다. 기계가 아니고서야 사람은 휴식이 필요하다.
바쁘게 일하며 피로가 누적된 사람에겐 휴식이 필요하다.
그러나 너무 늘어지게 쉬다 보면

생체 리듬이 무너져 내리는 부작용도 있다.

별도 휴가를 얻기 힘든 분들에게 권하고 싶다.

"일하시면서 쉬시라."

# 잃어버린 나를 찾아서

평정심을 유지하고
순수하고 바른 마음으로 살아가는 것도
끊임없는 노력과 연습이 필요하다.

우선 밖의 일에 관심을 끊는 것이 중요하다.
나 자신에게 집중하고 충실하자.

어차피 나의 행복은
나의 해석 여하에 달려있으니
될 수 있으면 내 좋은 쪽으로 생각하자.

시간은 늘 없는 것이니
일부러라도 용감하게 시간을 내서
가보고 싶었던 곳으로 여행이라도 다녀오자.

그간 소원하게 지냈던 친구에게 전화를 걸어
밥 한 끼라도 함께 먹자고 하자.

책장에 꽂아둔 책 중에서 버릴 것은 과감히 버리고
소홀하게 대했던 책을 다시 꺼내 읽어보자.

이 모든 것이
진정한 나 자신과 내면의 평화를 되찾는
여정이 되리라 믿으면서.

the light

# 진리

원효대사는 동굴에서 해골 물을 마시고서 깨달음을 얻었다.
뉴턴은 떨어지는 사과 하나에서 만유인력을 발견했다.

깨달음은 경이롭고 극적인 체험에서 오기보다는
우리의 삶, 일상 속에 있으며
있음의 문제가 아닌
받아들임의 문제이다.

누구나 깨달을 수 있지만
누구나 깨달을 수 없는 것이
진리이다.

## 질문은 출발이다

일상 속에서 무심코 지나치는 수많은 사실은
사실 그 자체보다 더 깊은 의미와 배경을 품고 있다.

우리는 흔히 보이는 현상에 만족하고 의문을 제기하지 않지만,
궁극적인 이해의 문은
바로 '질문'에서 시작된다.

질문은 단순히 호기심을 채우는 행위를 넘어,
우리가 마주하는
모든 것의 본질을 꿰뚫어 보고자 하는
지적 탐구의 시작이다.

질문은 우리가 이미 알고 있다고 생각하는 사실들을
새로운 관점에서 바라보게 한다.
뉴턴의 만유인력 발견도,
코페르니쿠스의 지동설도 그렇게 시작되었다.

질문은 때론 불편할 수 있다.
이미 확립된 지식이나 통념에 도전해야 할 수도 있기 때문이다.

하지만 바로 그 불편함 속에서
새로운 가능성이 피어난다.

질문은 단순히 답을 얻기 위한 수단이 아니다.
그것은 세상을 더 깊이 이해하고,
우리의 지평을 넓히며,
궁극적으로는 우리 자신과 세상을 변화시키는 강력한 도구이다.

일상에서 마주하는 모든 것에 대해 '왜 그럴까?'라는
작은 질문을 던지는 습관을 들여보라.
그 작은 질문이 우리의 인식을 확장시키고,
세상을 바라보는 눈을 더욱 예리하게 만들며,
때로는 예상치 못한
위대한 발견의 출발점이 될 수 있음을 깨닫게 될 것이다.

결국,
질문은 앎의 여정으로 이끄는 가장 중요한 첫걸음이며,
인간 지성의 끊임없는 진보를 가능하게 하는 핵심 동력이다.

# 나이를 잊고 사는 나만의 비결

많은 이들이 나를 보고 실제 나이보다 훨씬 젊어 보인다고 놀라곤 한다. 특별한 비결이 있는 건 아니지만, 지금의 나를 만든 몇 가지 원칙이 있다.

가장 중요한 건 바로 '적절한 긴장감'을 유지하는 것이다. 나는 내가 운영하는 연구소에 일찍 출근하여 하루를 시작한다. 여러 언론사에 기고할 칼럼을 쓰고, 공연 리뷰를 작성하며, 의뢰받은 사업의 평가서를 쓰거나 시를 쓰는 등 다양한 작업을 한다. 일반 직장인들이 퇴근하는 시간에 맞춰 나도 연구소를 나선다.

문화 관련 공공기관에서 심의나 평가, 경연대회 심사 요청이 들어오면 가능한 한 모두 응하여 지방 출장도 마다하지 않는다. 주말에도 쉬지 않고 연구소에 나가 꾸준히 일하는 것이 습관이 됐다. 이러한 활동들은 나에게 끊임없이 새로운 자극과 배움의 기회를 제공하고, 정신적으로나 육체적으로 활력을 유지하게 한다.

또한, 나는 매사를 긍정적으로 받아들이고 상대방의 이익을 먼저 생각하는 마음가짐을 가지려 노력한다. 이타적인 태도는 사람들과의 관계를 더욱 풍요롭게 만들고, 나 자신에게도 긍정적인 에너지를 불어넣는다고 믿는다.

그리고 중요한 한 가지는 바로 젊은 사람들과의 교류이다. 고등학교나 대학 동기들과 모임은 불가피한 경우가 아니라면 되도록 피한다. 그들과 만나고 돌아오는 길에는 왠지 모르게 '확 늙어버린' 듯한 기분이 들기 때문이다.

대신 나는 젊은 세대와 어울리는 것을 즐긴다. 그들과 함께 시간을 보내면 나 역시 젊어지는 기분을 느끼고, 나아가 젊은이들의 생각과 문화를 더 깊이 이해하게 된다. 이러한 교류가 내가 젊음을 유지하는 데 큰 영향을 미친다고 확신한다.

결론적으로,
멈추지 않는 배움과 도전,
긍정적인 사고,
그리고 젊은 세대와의 꾸준한 소통이
나를 젊게 보이게 하는 비결이다.

이러한 삶의 방식이
바로 내가 나이를 잊고 활기차게 살아가는 원동력이다.

# 하기 싫은 일 하는 법

참, 하기 싫은데
해야 하는 일들이 있다.

그런 일을 하다 보면 대부분
봄 아지랑이 솟듯
스트레스가 머리 위로 스멀스멀 솟아오를 것이다.

내게 그런 일을
스트레스 없이 해치우는 비결이 있다.

그런 일을 할 때는
하기 싫은 정도가 심하면 심할수록
콧노래를 부르며
더 정성을 기울여 해치워버린다.

그것이
내 정신 건강에 좋기 때문이다.

쉽지는 않다.
내 생각이 행동으로 스며들게 하는 것에는
끊임없는 자기 성찰과
연습이 필요하다.

## 하늘은 공평하다

아무리 돈을 버는데 귀재라 하더라도
행복까지 벌어들일 수는 없다.

다 쓰러져 가는 집인데도
가족 간 화목하고
웃음소리가 그치지 않는 집을 더러 본 적이 있다.

그래서
하늘은 공평하다.

## 하루는 당신이 만들어가는 작은 우주와 같다

누구에게나 똑같이 주어진 24시간. 아침에 눈을 뜨면 하루라는 하얀 캔버스가 주어진다. 그 위에 어떤 그림을 그려 넣을지는 오롯이 자신의 선택에 달려있다. 어떤 이는 이 캔버스를 버려둔 채 무미건조한 하루를 보내고, 또 어떤 이는 그 안에 찬란한 색채를 더해 세상에서 가장 소중한 하루를 만들어낸다.

하루를 어떻게 해석하고 선택하느냐에 따라 그 의미는 천차만별로 달라진다. 오늘 하루를 어떤 마음으로 채워나갈 것인지, 어떤 의미를 부여할 것인지 스스로 결정해야 한다.

겉으로 보기에 똑같은 일상도 긍정적인 마음으로 바라보면 특별한 순간으로 바뀔 수 있다. 출근길 지하철 안에서 귀에 이어폰을 끼고 듣는 음악은 지친 마음을 위로하는 선율이 되고, 점심시간 동료와의 대화는 삭막한 도시에 피어난 작은 꽃처럼 느껴질 수 있다. 퇴근 후 마주하는 저녁노을은 고단했던 하루를 보상하는 아름다운 선물처럼 다가온다.

반면, 부정적인 시선으로 하루를 바라보면 모든 것이 무의미하게 느껴진다. 반복되는 일상은 지루함의 연속이 되고, 사람들과의 관계는 피로감만 안겨준다. 심지어 아름다운 자연조차도 그저 스쳐 지나가는 풍경으로 전락해 버린다.

결국, 하루의 의미는 우리 마음의 렌즈를 통해 해석된다. 어떤 렌즈를 선택하느냐에 따라 세상은 완전히 다른 모습으로 우리에게 다가온다. 긍정의 렌즈를 통해 세상을 바라보면 하루는 무한한 가능성으로 가득 찬 특별한 시간이 되지만, 부정의 렌즈를 통해 세상을 바라보면 하루는 그저 흘러가는 무의미한 시간의 조각일 뿐이다.

오늘 하루, 당신은 어떤 렌즈를 선택하겠는가.
당신의 선택에 따라
오늘 하루는
당신의 인생에서 가장 아름다운 날이 될 수도,
그저 스쳐 지나가는 평범한 날이 될 수도 있다.

잊지 마라.
하루는 당신이 만들어가는 작은 우주와 같다.
당신의 선택이 당신의 하루를,
그리고 당신의 인생을 결정한다.

# 행복지수를 높이려면

큰 그릇은 웬만큼 담아도 채워지지 않지만
종지 그릇은 조금만 담아도 가득하다.

마음속의 기준을 낮추면
그만큼 행복지수는 높아진다.

알면서도 행하지 않으면
먼지를 뒤집어쓰고
책장 안에 꽂혀서
잠만 자는 한 권의 책이나 다름없다.

## 행복찾기 연습

살다 보면 뜻대로 일이 풀리지 않아 낙심할 때가 많다.
그럴 때면
내가 제대로 사는 건가, 의문이 들기도 한다.
남들은 다 잘 사는 것 같은데
나만 제자리걸음인 것 같아 초조해질 때도 있다.

하지만 삶의 목적지가 누구에게나 정해져 있는 것처럼,
우리 모두 각자 다른 속도로 자기만의 길을 걷고 있을 뿐이다.

단 한 번뿐인 인생,
남의 시선에 갇혀
끊임없이 자신을 재단하고 남과 비교하며 경쟁하는 삶은
나를 갉아먹을 뿐이다.

우리는 모두 이미 자기 삶의 온전한 주인이다.
타인의 기대에 부응하기 위해 애쓰기보다는,
나 자신에게 집중하고
나를 위한 행복을 스스로 만들어나가는 것이 중요하다.

다른 사람에게 행복을 기대하기보다,
내 안에서 행복을 찾는 연습을 해보자.
비록 가진 것이 없더라도
내가 만족하고 행복하다 느끼면
그 삶은 충분히 가치 있는 삶이다.

삶은 우리에게 주어진 소중한 하늘의 선물이지만,
그 삶을 행복으로 채워가는 것은
오직 우리 자신의 몫이다.

## 화장실 들어갈 때와 나올 때 마음이 달라진다

상대방에게 좀 부담스러운 부탁을 해야 할 때 상대방의 기분을 보고 부탁하기에 적절한 때인지, 아니면 아니하는 것보다 더 못할 때인지를 잘 파악해 보고 부탁을 해야 한다. 그것은 상대방의 현재 기분이 좋은지, 나쁜지를 정확히 파악해야 하는데 열 길 물속은 알아도 한 길 사람의 마음을 알기는 쉽지 않다.

'절간에 가서도 눈치가 있어야 새우젓국 얻어먹는다'라는 속담이 있다. 새우젓 같은 것은 먹지 못하도록 금하고 있는 절간에 가서도 눈치만 빠르면 그 젓국을 얻어먹을 수 있다는 뜻으로, 눈치가 빠르고 세상 물정이 환하면 못 구하는 것이 없음을 비유적으로 이르는 말이다.

그러니 우선 상대방의 마음이 어떠한 상태인지를 관찰해야 한다. 사람이 혼자 기분이 좋을 때 하는 행동은 개인의 성향에 따라 다양하게 나타날 수 있다. 콧노래를 부르거나 눈빛이 반짝이고 얼굴에 생기가 넘치는 밝은 표정에 미소를 짓고 있다면 기분이 괜찮은 상태이다. 이럴 때는 상대방이 상대방에게 관대하게 대해줄 마음의 준비가 되어 있다는 신호이니 부탁의 적기이다.

그러나 어딘지 모르게 얼굴에 그늘이 지고 눈빛이 흐리고, 미간을 찌푸리거나 손톱을 물어뜯고 있거나 입술을 굳게 다무는 등 부정적인 표정을 짓고 있다면 저기압 상태이므로 부탁의 시기를 뒤로 미루는 것이 좋다. 하지 않으니만 못하니까.

아무리 상대방이 기분이 좋은 시기라 할지라도 말의 실수가 있다면 허사이다. 말 한마디에 천 냥 빚을 갚는다는 말이 있듯이 화법에도 주의해야 한다. 상대방에게 부탁할 때 기분 상하지 않게 진정성 있게 예의를 갖춰 부탁하는 것이 좋다.

예를 들어, "제가 이번에 정말 중요한 일이 있는데, OO님 도움 없이는 안 될 것 같아요! 그동안도 많은 도움을 주셔서 감사했는데 이번에도 제 부탁을 들어주신다면, 제가 꼭 보답하고 그 은혜를 잊지 않을게요."와 같은 예의와 진정성이 담긴 화법이 좋다.

그러나 "화장실 들어갈 때와 나올 때 마음이 달라진다."라는 속담이 있다. 부탁할 때 부탁을 들어주면 은혜를 잊지 않고 보답할 것같이 하다가도 들어주고 나면 언제 그랬냐는 듯이 마음이 달라지는 사람들이 의외로 많다는 세상인심을 빗댄 속담일 것이다. 이 속담은 인간의 심리 변화를 날카롭게 짚어내는 말이다.

부탁할 때는 상대방의 도움을 얻기 위해 최대한 예의를 갖추고 좋은 모습을 보이다가도, 목적을 달성하고 나면 더는 상대방에게 잘 보일 필요가 없다고 생각하여 태도가 돌변하는 예도 있다. 세상에는 은혜를 잊지 않고 보답하는 사람도 있지만, 그렇지 않은 사람도 많다는 것을 보여주는 속담이다.

하지만 모든 사람이 '화장실 들어갈 때와 나올 때 마음이 달라지는' 것은 아니다. 진실한 마음으로 도움을 주고받는 관계도 있다. 이 속담은 인간관계에서 발생할 수 있는 부정적인 측면을 경계하고, 타인에 대한 배려와 감사의 중요성을 일깨워준다.

## 복수와 용서의 차이

정치사상사 분야의 원로이며 탁월한 번역가이기도 한
신복룡 전 건국대 석좌교수가
최근 7년에 걸친 대작업 끝에
성경 번역을 교감(校勘)*하는 일을 마무리하고
한 언론매체와 인터뷰를 했다.

기자가 성탄절을 맞이하여
이 시대 예수 탄생이 전하는 메시지를 물었더니

"용서가 아닐까요. 처참한 종교전쟁 현장에서
이스라엘이 이쯤에서 하마스를 용서해주면 안 되겠냐고 말하고 싶어요.
종교가 인류를 걱정하는 게 아니라
인류가 종교를 걱정하는 현실이 안타깝습니다.

저도 살아오면서 억울한 일 많이 겪었는데
용서하려고 노력합니다.
생각해보니 가장 큰 용서는 잊는 것이더라고요."라고 하였다.

나는 평소
"가장 큰 복수는 상대를 잊어버리는 것이다."라고 생각해왔다.

아무리 생각해도 용서가 안 되고,
생각하면 생각할수록 내 마음의 상처가 깊어지기에
차라리 잊어버리고 무시하는 것이 복수라 생각하여 생긴 내 사고 방식이다.

* 교감(校勘) : 같은 종류의 여러 책을 비교하여 틀리고 차이 나는 것을 바로잡는 일

## 시(詩)가 있는 따뜻한 세상에 살고 싶다

한겨레신문 1월 30일자 〈한글 깨친 섬마을 할머니, 「오직 한 사람」에게 시를 쓰다〉라는 기사가 눈에 들어왔다. 아니 내 마음을 흔들었다는 기사가 정확한 표현일 거다. 나이 일흔에야 한글을 깨친 전남 완도군 고금면 장중리에서 혼자 사시는 황화자 할머니(83)의 이야기다.

전남 완도의 성인을 대상으로 한글을 가르치는 '고금 비전 한글학교' 30여 명 학생의 자서전과 일기 등 시화 작품과 함께 묶어 지난 2021년 1월 발간된 시화집 『할 말은 태산 같으나』에 황 할머니의 「오직 한 사람」이라는 시(詩)도 함께 실렸다. 황 할머니의 애절한 시(詩)는 다음과 같다.

> 유방암 진단받은 나한테/ 남편이 울면서 하는 말,// "5년만 더 살어."/ 그러던 남편이/ 먼저 하늘나라로 갔다// 손주 결혼식에서 울었다/ 아들이 동태찜 사도 눈물이 났다/ 며느리가 메이커 잠바를 사 줄 때도/ 울었다// 오직 한 사람 남편이 없어서.
>
> – 황화자 시(詩) 「오직 한 사람」

황 할머니의 시(詩)는 문학적으로는 정제되지 못한 투박한 시였지만 내게는 울림이 큰 시(詩)였다. 황 할머니의 남편은 한글 공부하는 황 씨에게 생전에 든든한 지원군이 되었고 물심양면으로 도움을 줬다. "초등학교 6년을 다녀도 한글 모르는 사람은 모른디 자네는 잘한 사람이네." 그렇게 든든한 뒷배가 되어준 남편이 2018년 갑자기 세상을 떠난 뒤, 학교 선생님의 제안으로 남편에 대한 그리움과 지극한 사랑이 담긴 시(詩) 「오직 한 사람」을 썼다고 한다.

시(詩)는 등단 시인만의 전유물이 아닐 것이다. 누구나 시를 쓸 수 있다. 문화센터나 평생교육원 등 곳곳에서 유행처럼 성행하였던 일반인들의 시 쓰기를 도와주던 시 창작 교실이 요즘에는 거의 찾아볼 수 없는 것이 무척 아쉽다. 어쩌다 열리는 '시 낭송 대회'에 가보면 젊은이들을 찾아볼 수가 없다. 일선 중고등학교에서 학생들 간 유행하였던 '문학의 밤'은 박물관에 들어간 지 오래되었다.

시(詩)는 모든 문학 장르에서 가장 오래된 역사를 가진 문학 양식이다. 시(詩)를 정의해본다면 "시(詩)는 작가의 사상과 정서를 상상력을 통해 운율적인 언어로 압축하여 표현한 문학"이라고 할 수 있다. 그래서 유학 오경(五經)의 하나로서 중국 최고(最古)의 시집인 『시경(詩經)』에서도 시(詩)란 "마음속에 움직이는 바가 곧 뜻이 되고, 그것이 마침내 그대로 머물러 있지 못하고 절실한 언어로 다듬어져서 밖으로 나타나면 곧 시가 된다"라고 하지 않았던가?

한국시인협회장을 지낸 원로시인 김종해 선생은 그의 최초이자 마지막 산문집이라 할 수 있는 산문집의 이름을 "시(詩)가 있으므로 세상은 따스하다"라고 했다. 그의 말대로 그렇게 세상을 따스하게 감싸주는 시(詩)가 요즘은 자취를 감추어가고 있다. 참으로 안타까운 일이다. 얼마 전 김규종 경북대 교수는 경북매일신문에 실린 〈시(詩)가 죽어가는 세상에서〉라는 칼럼에서 다음과 같이 탄식하고 있다. "국제통화기금 사태로 촉발된 노숙자들이 거리를 헤매던 때에도 시인들은 시를 썼고, 독자는 여전히 시를 읽었다. 그러나 똑똑한 전화기 '스마트폰'이 도래하면서 모든 것이 전복된다. 시인은 아직도 꿈처럼 추억처럼 시를 쓰지만, 시를 읽고 나직하게 암송하며 거리를 걸어가는 청춘은 완전히 소멸했다. 아침햇살에 간밤의 보름달이 빛을 잃고 시나브로 사위어가는 것처럼 시를 읽는 청춘들은 소리도 흔적도 없이 스러지고 말았다."

그리고 그는 이어서 "대학에 들어와서 제 돈을 주고 시집을 사서 읽어본 적이 있느냐는 질문에 손드는 학생은 하나도 없다. 시가 죽고 소설이 절멸하는 판국에 희곡을 읽는 학생은 진즉에 깔끔하게 사라졌다. 문학의 종말, 문학의 소거(消去), 문학의 죽음이 당연시되는 시간대가 우리 곁에서 고요하게 흘러간다. 하지만 누구 하나 아쉬워하거나 조종(弔鐘)을 울리거나 손을 들어 무언가를 표시하지 않는다. 그것이 우리 시대의 얼굴이며 진면목(眞面目)이다."라고 하였다. 참으로 허전해지고 공감이 가는 글이다.

그러나 탄식하기에는 아직도 세상에는 시(詩)의 그 따스함이 사라지진 않았다. 황화자 할머니의 「오직 한 사람」을 그리는 시심(詩心)과 같은 따스한 시심(詩心)이 일상생활을 살아가는 보통 사람들의 마음에 아직도 살아있기 때문이다. 우리에게 「그 먼 나라를 알으십니까」라는 시로 잘 알려진 신석정 시인(1907~1974)의 시(詩) 「산으로 가는 마음」에 "마음이여/너는 해가 저물어 이윽고 밤이 올 때까지 나를 찾아오지 않아도 좋다.//산에서/그렇게 고요한 품 안을 떠나와서야 쓰겠니"처럼 시(詩)가 있는 따스하고 넉넉한 세상에 살고 싶다.

## 사랑도 봄, 여름, 가을, 겨울이 있다

대자연의 섭리는 참으로 오묘하고 경이롭다. 아침에 태양이 떠올라 중천에 떠 있다가도 저녁엔 다시 지고 다음 날 어김없이 해는 다시 떠오른다. 우주 저편 머나먼 곳에 떠 있는 태양이 그 얼마나 뜨겁기에 한여름엔 우리 인간들을 더위로 절절매게 한다. 거대한 동물부터 육안으로는 보이지도 않는 아주 작은 세균까지 각각 다른 모습으로 주어진 삶의 패턴대로 태어나 살다가 죽는다.

그중에는 아름다운 모습으로 살다 가고, 또 어떤 생물들은 흉측한 모습으로 살다 떠난다. 봄이 오면 꽃이 피고, 봄이 가면 여름이 오고, 여름이 오면 가지가 무성하고, 풍성한 여름이 가면 가을이 오고, 가을이 오면 나무는 낙엽을 떨구고 겨울을 맞는다. 끝이 없을 것같이 맹위를 떨치는 길고 긴 겨울도 시간이 지나면 꽃피고 새가 우는 봄에 그 자리를 양보한다. 참 절묘하고 경이로운 자연의 섭리이다.

대학을 다닐 때였다. 우리에게 영어 회화를 가르친 미국인 강사가 있었다. 그와 우리 학과 학생들과 함께 자유로운 대화의 시간을 가진 적이 있었는데 나는 그에게 사랑을 언제 해보았는지 물어보았다. 그런데 그는 뜻밖의 대답을 하였다. 몇 살 때 사랑을 묻는 거냐고. 사랑은 단 한 번밖에 없는 건데 몇 살 때 사랑이라니. 뭐 이런 사

람이 다 있어? '코백이'들은 다 이런 건가 하고 속으로 내심 불쾌하게 생각했었다. 나는 당시 이성과의 사랑은 평생에 단 한 번뿐이고 영원한 것이라고 믿었다.

그런데 살면서 알게 되었다. 첫사랑이 끝나면 다음 사랑이 오고, 그 사랑이 가면 또 다른 사랑이 온다는 것을. 상처받은 사랑은 다시 시작한 사랑에 의해 치유된다는 것을 알게 되었다. 마치 산 앞에 서면 그 산만 보이지만 그 산을 넘으면 또 하나의 산을 만나고 그 산을 넘으면 강물을 만나고 강을 건너 들판을 걸어가다 보면 또 하나의 산을 만나는 것처럼. 온 마음을 다하여 사랑을 바친 사람으로부터 배신을 당하거나 더는 사랑할 수 없는 상황에 부닥치게 되면 죽음까지도 생각할 정도로 마음의 상처를 받게 되지만 새로 시작된 사랑에 의하여 사랑의 상처도 치유될 수 있다는 것을 한 참 뒤에야 알게 되었다. 상처 난 사랑은 또 다른 사랑에 의해 치유된다는 것을. 사람과 사람과의 관계도 영원한 것이 아님을 알게 되었다.

계절에 봄, 여름, 가을, 겨울이 있듯이,
사랑도, 인간관계도
봄, 여름, 가을, 겨울이 있다.

## 음식 앞에서 감사해라

6·25 전쟁으로 폐허가 되었던 우리나라가 이제는 세계 경제 대국의 대열에 서게 되었다. 한때는 국민 대부분이 굶주림 속에 힘겨웠던 시절도 있었다. 식사의 맛을 따지기보다는 맛이 있든 없든 배불리 먹는 것이 소원이었던 시절이 있었다. 이제는 미식가들이 불원천리하고 '맛집'을 찾아다니는 시대가 되었고, 방송도 '먹방' 시대가 되었으며 대부분 가정에서 밥걱정하는 가정은 찾아보기 어려운 시대가 되었다. 이제는 '빵의 복지'인 사회복지 시대에서 '삶의 질의 복지'인 문화복지 시대로 접어들었다.

그런데도 이 땅 위에는 가난으로 밥 굶는 사람들이 아직도 있다. 또한, 이 지구 위에는 식사를 제대로 하지 못해 굶주림 속에 죽어가는 이들이 너무도 많다. 그런 사람들을 생각하면 음식이 맛이 있니 없니, 짜니 싱거우니, 매우니 다니 식탁 앞에서 음식 타박을 하는 것은 다시 생각해봐야 할 일이다.

자랑 같지만 나는 수십 년간의 결혼 생활에서 단 한 번도 음식 타박을 해본 적이 없다. 그래서인지 나의 아내는 음식 만드는 기술이 뛰어나지 못하다. 나는 주는 대로 먹는다. 다시 말해 음식 앞에서 늘 감사해한다.

음식하면 잊히지 않는 일이 있다. 내가 주경야독을 하던 대학 신입생 시절이었던 것으로 기억된다. 나는 당시 판잣집으로 가득한 가난한 산동네에서 자취생활을 하고 있었다. 그때 강원도 오지 출신으로 서울에 유학을 온 대학 후배가 인근에 살고 있었는데 그 역시 지독히 가난하여 철공소에서 아르바이트 일을 하며 대학에 다니고 있었다. 그가 하는 일은 철판을 자르는 선반 기계 일을 하고 있었는데 하루는 실수로 손가락을 심하게 다치는 일이 생겼는데도 돈이 없어 병원에 가지 못하고 손가락에 붕대를 칭칭 감고 다니는 것이 내 눈에 띄었다. 나 역시 가난한 처지였지만 그 후배를 병원으로 데리고 수술을 받도록 해주었다.

그 일이 있었던 후 시간이 좀 흘렀는데 하루는 그 후배가 자신이 다니고 있는 개척교회 목사님 부부께서 감사의 뜻으로 나에게 식사 초대를 하고 싶어 하신다는 것이었다. 사양을 거듭하였지만, 너무 사양하는 것도 후배에게 섭섭한 마음이 들게 할 수 있다는 생각이 들어 식사 초대에 응하였다. 늘 굶주림 속에 지내던 터라 기대를 한껏 하고 식사 초대에 응하였다. 목사님 사모님께서 정성스레 준비하신 생선국과 밥이 식탁 위에 차려졌다. 생선국 안에 통통한 생선 토막들이 가득할 것으로 기대를 했지만 아무리 숟가락을 휘저어도 생선 머리와 꼬리만 잡힐 뿐이었다. 그래도 늘 굶주림 속에 지내던 나였기에 국과 밥을 깨끗이 비웠다. 그러면서도 내심으론 식사 초대를 해놓고 생선 토막 하나 없는 생선국을 준비해 주신 목사님 부부에게 좀 섭섭한 마음이 들었다.

나중에 들은 이야기이지만 그 개척교회 목사님 부부도 나 못지않게 가난하셨단다. 그래서 사모님께서 생선을 살 돈은 없고, 고마운 분에게 음식 대접은 해야 하겠고 해서 고민 끝에 동네 재래시장 생선가게에 가셔서 생선가게 주인에게 부탁해서 생선 손질을 하고 버리는 생선 머리와 꼬리를 받아다가 깨끗이 손질을 하여 나에게 음식 대접을 하셨다는 것이었다. 나에게 제공된 음식은 정성으로 마련된 식사였다. 속으로 잠시나마 섭섭한 마음을 가졌던 나 자신이 부끄러워졌다. 평소 음식 타박을 하지 않는 나이지만 그 일이 있었던 후 더욱 음식 타박을 하지 않는 사람이 되었다.

성장기에 지독히 가난했기에 나는 늘 굶주림 속에 살았다. 굶지 않고 살아갈 수 있는 나의 지금의 환경이 고맙다. 가난으로 밥 굶는 사람이 아직도 많다. 음식 가려 먹지 말고, 음식 앞에서 감사해라.

## 옛날엔 얼음 밥도 감지덕지 먹은 나다

살다 보면 늘 역경과 마주친다. 그러나 나는 갑자기 나빠진 환경에 별로 걱정을 하지 않는 편이다. 원래 낙천적인 성격 탓도 있겠지만 지금까지 살아오며 갖은 역경을 헤쳐 온 내공이 커서일 것이다. 나는 청소년기에 워낙 환경이 좋지 않았던지라 아무리 역경이 닥친다고 하더라도 그때보다 더 못해질 수 있겠느냐는 자신감이 내 마음 속에 깊숙이 자리 잡고 있다.

청소년기에 잘 집이 없어 공원 벤치에서 잠을 잔 날이 부지기수였고, 난로가 꺼진 몇십 원짜리 독서실에서 의자를 펴놓고 그 위에서 추위에 떨며 잠을 잔 날도 많았다. 밤새 추위에 떨며 자다 새벽에 약수터로 달려가 차가운 물로 배를 채운 날도 많았다. 배고 고파 용산의 남영동 철길 밑 지하도 좌판에서 용산 미군 부대에서 나온 잔반(殘飯)을 모아 끓여서 만들어 팔았던 몇십 원짜리 '꿀꿀이죽'을 사 먹으며 허기를 달랜 날도 많았다. 심지어 차가운 자취방에서 꽁꽁 얼어붙은 얼음 밥을 깨 먹으며 허기를 달랜 날도 많았다.

그래서 역경이 닥친다 해도 또한 아무리 상황이 나빠진다 해도 그때보다 못해지겠냐는 오기가 발동한다. 역경이 닥칠 때마다 나는 속말로 나 자신을 달랜다. "상황이 나빠지더라도 걱정하지 마라. 옛날 그때보다 더 나빠지겠는가? 옛날엔 얼음 밥도 감지덕지 먹은 나다."

## 상대방은 그냥 내게 오지 않는다

나의 유년 시절은 보잘것없었다. 환경 면이나 경제적으로 보잘것없는 정도를 넘어서 최악의 상태였다. 청소년 시절도 그러했다. 마땅히 머무르거나 잘 곳이 없어 거리를 헤매다닌 날이 부지기수였다. 청장년이 되어 직장을 잡고 결혼을 한 후에는 형편이 조금 나아졌으나 그리 내세울 만한 것은 아니었다.

그러나 40대 후반에 접어들어 나의 인생의 전환점이 왔다. 나의 영원한 멘토 홍윤식 박사님을 만났다. 홍윤식 박사님은 동국대학교 명예교수로서 불교민속학회 회장, 한국전통예술학회 회장, 동국대학교 문화예술대학원장, 동국대학교 일본학연구소 소장, 일본 규슈대학 특임교수, 한국정토학회 회장 등을 역임하신 명망 높은 학계의 원로이시다.

이런 훌륭한 경륜과 학식을 갖춘 홍윤식 박사님과 인연을 맺게 된 것은 행운이 아닐 수 없었다. 내가 홍 박사님과 인연을 맺게 된 것은 내가 모 예술고등학교 교감으로 재직하고 있을 때, 박사님께서 대학을 정년퇴임을 하시고 교장으로 부임하시면서 시작되었다. 훗날 박사님은 나의 대학원 논문지도 교수도 해주셨다.

홍 박사님께서 지금까지 내게 취직을 시켜 주시거나, 승진을 하는 데 결정적인 역할을 해주신 일은 없다. 그러나 내가 진로 문제로 마음이 흔들릴 때, 좌절의 늪에 빠져 허우적거릴 때마다, 나에게 용기를 북돋아 주시며 나아가야 할 방향을 제시해주셨다. 아버님 사랑을 받지 못하고 자란 나에게 아버님 같은 사랑의 마음을 따뜻하게 베풀어주신 것이다. 그리고 학자로서, 전문가로서 갖추어야 할 덕목들에 대해서도 일깨워주셨다. 사표가 될 만한 학계 및 예술계, 그리고 사회 지도자분들과 만나실 때는 꼭 나를 대동하시는 것을 잊지 않으셨다.

내가 홍 박사님과 결정적으로 가까워지게 된 것은 홍 박사님과 만남이 시작된 지 1년쯤 후였다. 숨기고 싶었던 내 청소년기 가정사 이야기를 어느 날 우연히 홍 박사님께 모두 털어놓았다. 홍 박사님께서는 아무 말씀 없이 내 말은 모두 들으신 후에 당신께서도 그런 일이 있었다고 털어놓으시며 당신의 마음을 내게 열어주셨다. 나는 그때 새로운 사람과의 진정한 인간관계가 맺어지기 위해서는 자신이 먼저 마음을 열고 진정성 있게 상대방에게 다가가야 상대방도 마음을 열어준다는 것을 알게 되었다.

그 후에는 어떠한 사람을 만나더라도 나 자신이 마음을 열고 상대방에게 진정성 있게 다가갔다. 그 후로 나는 그러한 마음의 자세를 원칙으로 하여 대인 관계를 넓혀갔다. 그런 이유에서인지 내 주변에서는 나의 일이라면 나서주는 사람들이 많아졌다. 오늘날 내가 문화계의 정상급 인사로 행세하기까지는 내 주변에 있는 사람들의 도움에 힘입은 바 크다.

세상을 살아가는 데는 실력만으로는 살아갈 수 있는 것이 아니다. 세상이란 더불어, 함께 살아가는 곳이다. 인생의 성패는 유능하고 품성 좋은 동반자들이 누가 더 많으냐에 달려 있다.

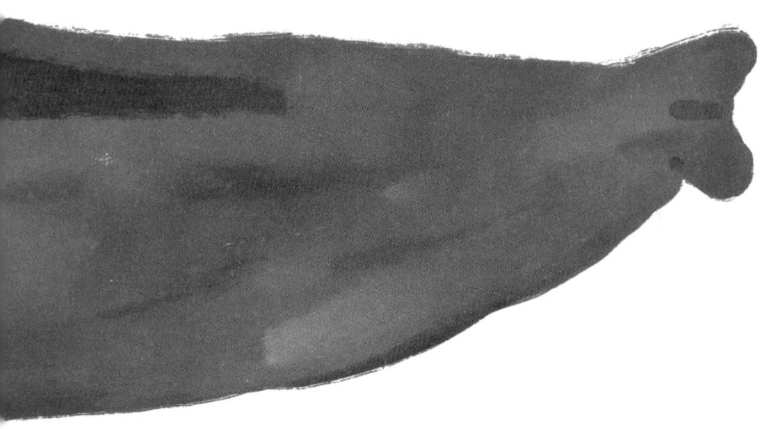

# 세상에 없는 것이 두 가지 있다

세상엔 없는 것이 두 가지가 있다. 무엇인지 아시는가? 첫 번째 없는 것은 공짜이다. 세상엔 공짜라곤 없다. 여러분에게 굴러들어온 이익이 처음에는 공짜라고 생각되겠지만 그것은 공짜가 아니다. 그것은 나중에 반드시 갚아야 할 빚이라는 것을 기억해 두어야 한다.

아무 조건 없이 타인에게 베푼 호의는 훗날 여러분에게 여러 가지 형태로 반드시 되돌아온다. 어떤 경우는 몇 배의 이익이 더해져 되돌아오기도 한다. 만일 여러분의 생전에 돌아오지 않는다면, 다음 후손대에라도 반드시 그것은 되돌아온다.

세상을 살아갈 때 기본적으로 가져야 할 기본 원칙이 있다. 그것은 상생의 원리이다. 사람과 상대할 때는 상대방에게 내가 무엇을 해주어야 상대방이 잘되고 유리할까를 먼저 생각하고 실천에 옮겨라. 그로 인하여 상대방이 잘되면 좋은 일이고, 그것이 결과적으로 내게도 좋은 일이 되면 더 좋은 일이다. 그것이 상생의 원리이다.

나의 이익을 먼저 생각하고 남을 대하면 상대방은 그것을 눈치챈다. 그러고서는 진정한 인간관계가 성립되지 못한다. 상대방이 조건 없이 호의로 대할 때, 나도 그에게 호감을 느끼고 호의를 베풀 기회를 찾는다. 공짜란 나에게 조건 없이 오는 호의이지만 언젠가는 상대방에게 갚아야 할 빚이다.

또 하나 세상에 없는 것은 무엇일까? '영원한 비밀은 없다'라는 말이 있듯이 사람 사는 세상에는 비밀은 있을 수 없다. 은밀하게 행해진 비밀은 감춰질 수 있다고 생각하겠지만 언젠가는 비밀은 드러나는 것이기에, 비밀은 아예 만들지 않는 것이 낫다. 당장은 껄끄러운 상황이 연출되더라도 비밀 없이 솔직하게 정면으로 일을 처리하는 것이 후환이 없고 좋다. 그런 말이 있지 않은가? 정직이 최선의 방책(Honesty is the best policy.)이라고!!! 비밀을 만들지 말자.

세상에 없는 두 가지는
공짜와 비밀이다.

함께 어우러져 사는 이 세상에
받았으면 반드시 갚을 줄 알아야 하며,
솔직하고 정직하게 살아가는 것을
생활화하여야 한다.

# 3

# 행복으로 가는 열차

## 받은 명함엔 꽃이 필 때까지 물을 줘라

문화예술계에 첫발을 디딘 후 지금까지 참으로 오랜 세월이 지났다. 내 인생의 여정을 돌이켜보면 무척 어려운 국면에 처해 힘겹게 지낸 적도 있었지만 비교적 성공적인 길을 걸어왔다고 할 수 있다. 그 이유를 따져보면 '운이 좋아서'이기 때문만은 아니다. 그렇다고 내 역량이 '출중해서'라고도 할 수 없다.

정확한 이유는 끊임없이 '주변 사람들의 도움을 받아서'이다. 그것을 단지 인복(人福)이 '좋아서'라고도 치부해 버릴 수 있겠지만, 그 인복은 나의 노력에서 온 부분도 많다.

나는 누구든 처음 만나는 사람을 허투루 대하지 않는다.
명함을 받으면
받은 명함에서 인연의 싹이 돋아나고
가지를 뻗어
꽃이 피어 열매를 맺을 때까지
정성 들여 마음의 물을 준다.

내가 인간관계에서 터득한 진리는
'내가 마음을 열어야 상대방도 마음을 열고 다가온다.'라는 사실이다.
상대방에게 마음을 열고 나의 진심이 전달되어야

상대방도 마음을 열고 나의 우군이 되어준다.

내 주변의 사람들을 이렇게 해서 모인 분들이다. 유념할 점은 어떤 특별한 일이 없어도 평소에 서로의 안부를 묻고 혹시 상대방에게 무슨 도움을 줄 수 있는 일이 없는지를 확인해보는 것이 매우 중요하다. 그래야 무슨 특별한 일이 있을 때 도움을 청하기가 매우 편해진다. 아무런 연락을 취하지 않고 지내다 무슨 일이 일어나 도움을 청하려 하면 속이 보이는 것 같아 부탁하기가 매우 거북하고 부담스러울 수밖에 없다.

세상은 혼자 살아갈 수 없다.
사람 인(人)자를 살펴보면
사람이란 서로 의지하며 살아가는 존재라는 평범한 진리를 일깨워준다.

우군(友軍)을 많이 만들어라.
우군은 그냥 만들어지는 것이 아니다.
내가 먼저 마음을 열고
나의 진심이 전달되어야 만들어진다.

# 내일은 오지 않을 수 있다

생각하면 할수록 해보면 오묘한 것이 있다.
태어나는 것은 순서가 있어도
죽는 것은 순서가 없다는 것이다.

봉안당에 가보면
안치된 유골함에 출생연도와 사망 연도가 표기되어 있다.
봉안당 안에 주로 노인들의 유골이 안치되어 있을 것으로 생각하겠지만,
의외로 일찍 이 세상을 떠나는 젊은 사람들의 유골함도 많은 것을 보고 놀라게 된다.

사람은 자신의 언제 죽을지 모르고 산다.
그런데도 사람들은 오늘도 살고 내일도 살 것이라 믿으며,
심지어 영원히 살 것처럼 세상을 살아간다.

그러나 죽음은 예고를 하고 오기도 하지만
갑자기 들이닥치기도 한다.
그래서 삶이 더욱더 극적인지 모른다.

사람은 미래를 준비할 줄 아는 동물이라
미래를 위하여 어느 정도는 오늘을 희생하며 살아간다.
어떠한 사람은 분홍빛 미래를 위해
허리끈을 바짝 졸라매고 허기를 견디며 미래에 투자한다.

그러나 그것이 반드시 최상의 선택이라 할 수 없다.
그 분홍빛 미래 이전에
죽음이 찾아올 수가 있기 때문이다.

내일은 오지 않을 수 있으니,
오늘의 모든 것을 희생해가며 살아가는
우매한 짓을 해서는 안 된다.

오늘은 평생 다시 돌아오지 않을 소중한 하루이다.
어떠한 오늘을 만드느냐는 오직 자기 자신에게 달려 있다.
자기 인생의 디자이너는
자기 자신이기 때문이다.

## 가는 사람 잡지 말고, 오는 사람 막지 마라

살다 보면 주위에 있던 사람들이 떠나기도 하고,
또 새로운 사람들이 찾아와 내 주변의 사람이 되기도 한다.

주위에 있던 사람이 떠나가면
인간이기에 상실감으로 섭섭하기도 하고,
혹은 그와 함께하던 일에 차질이 생겨
작든 크든 손해를 볼 수도 있어서 만류하게 된다.

가겠다는 사람은 인간적인 면에서 일단은 붙잡고 만류해야 하나
굳이 가겠다면 쿨하게 보내줘야 한다.
떠나는 사람은 그만한 이유가 있어서 떠나는 것이다.
억지로 잠시는 붙잡아 놓을 수는 있으나
그것은 몸일 뿐이지 마음마저 붙잡아 놓을 수 없는 것이며
갈 사람은 결국 떠나게 마련이다.

반대의 경우도 그렇다.
오겠다는 사람은 굳이 경계하며 받아들이는 것을 망설일 필요가 없다.
내게 오겠다는 사람은

쾌히 반갑게 받아들여야 한다.

오겠다고 하는 이가
훗날 뜻하지 않게
나의 큰 힘이 되어주는 사람이 될 수도 있을 것이다.

그러니 가는 사람 잡지 말고,
오는 사람 막지 마라.

인간관계는 물 흘러가듯 하라.

내 주변에 있을 사람이면
변하지 않고 내 주변에 머무를 것이고,

그렇지 못한 사람이라면
붙잡아 두려 해도 언젠가는 떠나는 것이다.

# 소인들과 다투지 마라

세상은 다양한 사람들과 어우러져 살게 되어있다.
살다 보면 별의별 사람들이 다 있다.

그리고 사람마다 자기 생각과 인품의 그릇이 있다.
하해와 같이 넓은 생각과 인품의 그릇을 지닌 사람을 성인, 군자라고 한다.
그런 사람은 한 세기에 하나 나올까 말까 하는 법이니
찾아보기 힘들 것이고

큰 그릇, 중간 그릇, 작은 그릇, 혹은 그릇이라고 볼 것도 없이
있으나 마나 한 생각과 인품의
좁디좁은 그릇을 지닌 사람이 있다.

문제는 이런 사람 저런 사람과 어울리다 보면
서로 생각이 다르거나 이해관계에 부딪혀 따져보거나,
다퉈야 할 일이 생기는데
이때 주의해야 할 일이 있다.

서로 시시비비를 따져 잘못된 것을 따져볼 만한 사람이 있고,

아예 생각의 접점을 찾아볼 수 없는 무 경우의 극치이거나,
생각이 밴댕이 속보다 적어
다툼만 격렬해질 뿐 실익이 없는 사람이 있다.
그런 사람을 소인이라고 한다.

소인에게 시시비비를 따지면
자신의 잘못은 인정하지 않고
오히려 상대방에 대해 섭섭함만 더 커지게 마련이고,
심지어 해코지까지 하려고 든다.
결국, 손해 보는 쪽은 소인과 다투는 사람이다.
다투면 똑같은 사람으로 비치거나 똑같은 사람으로 전락하고 만다.

그러니 소인과는 다투지 마라.
유연하게 피해라.
옛말은 거의 다 맞다.
오랜 세월 생활 속에서 걸러져 온 진리이다.

"똥이 무서워서 피하냐. 더러워서 피하지." 진리이다.

## 화끈하게 베풀어라

세상에서 제일가는 바보가 있다면
베풀면서 욕먹는 사람이다.

사람 중에는 부탁을 받았을 때 흔쾌히 받아들이지 않고
해줄 듯 말 듯 뜸을 들이다가 받아들여
고마움의 강도(强度)를 떨어뜨리는 사람들이 더러 있다.

또 부탁을 받아
일은 일대로 해주면서 싫은 내색을 내며 투덜거려
결국, 그가 일을 마쳤을 때는
고마운 마음은 온데간데없이 다 달아나버리고
섭섭한 마음만 남게 하는 사람들이 있다.

베풀면서 욕을 먹을 바엔
차라리 베풀지 않는 것이 낫다.
베풀면서 욕을 먹는 사람들이 세상에서 제일 바보다.

이왕 베풀려면
화끈하게 베푸는 것이 지혜로운 일이다.

그래야 고맙다는 인사를 받을 수 있다.

베풀면서 욕먹는 바보가 되지 말자.

## 그릇이 돼 있는 사람에게 충고해라

세상 사람들은 저마다 마음의 그릇이 있다.
넓찍한 마음을 가진 사람도 있지만,
소주잔보다 더 작은 마음을 갖고 사는 사람들도 있다.

늘 넉넉하고 여유롭게 살아가는 사람도 있지만,
눈에 거슬리는 행동을 일삼는 사람들도 있다.

비교적 가깝게 지내는 사람 중에서도
잘하다가도 때로 잘못된 판단으로 문제를 일으키는 경우가 있는데
그걸 말해줘야 할지
내버려 두어야 할지 망설일 경우가 있다.

몸에 좋은 약이 쓰듯이,
솔직한 충고는 대체로 귀에 거슬려 '쓴소리'라고 한다.

쓴소리를 받아 줄 그릇이 돼 있는 사람에게
충고하는 것이 좋다.

그렇지 않은 사람에게 쓴소리하면

그 말을 감사히 받아들이고
자신의 그릇된 행동을 고치려 하기보다는
자신을 헐뜯는다고 생각하여
원망과 미움을 갖는다.
괜히 원수 한 사람만 더 늘게 되는 것이다.

충고를 받아들일 그릇을 갖고 있지 못한 사람은
차라리 그냥 내버려 두는 것이 좋다.
그대로 살다가 죽게 둬라.
그렇게 하다
어디서 험한 꼴을 당하는 것도 제 몫이니까.

## 만남 약속을 하는 원칙

내게 한 고등학교 동창이 있었다. 학교 다닐 때도 친했지만 졸업 후 총각 때는 가끔 만나 서로의 고민거리도 나누고 술자리도 함께 하던 다정한 친구였다. 결혼 후 각자 생업에 매달리면서 만남도 뜸해졌다. 그러나 어쩌다 만나면 반갑고 늘 그리운 친구였다. 어느 날 친구로부터 만나자는 전화가 걸려왔다. 내 스케줄을 살펴보니 그 주에는 일정이 빡빡하여, 그다음 주 수요일 저녁 시간으로 만남의 일정을 잡았다.

그다음 주 수요일이 왔다. 그날따라 바쁘기도 했고 저녁 시간에도 불가피한 일정이 추가되어 나는 친구에게 전화를 걸어 그다음 주 수요일로 약속을 연기하였다. 또 그다음 주 수요일이 되었으나 또 다시 불가피한 일정이 잡혀 약속을 지킬 수가 없었다. 그러다 시간이 흘렀다. 잠시 그 친구와의 약속도 잊고 지냈다.

그런 일이 있은 한참 후에 고등학교 동기동창 모임에 나갔다. 그 친구가 보이지 않아 동기 친구들에게 그의 안부를 물었다. 친구 중 하나가 그가 얼마 전에 교통사고로 세상을 떠났다는데 소식을 듣지 못 했냐고 물었다. 하늘이 무너져 내리는 것 같았다. 이제는 살아서는 그 친구를 다시는 만날 수가 없게 된 것이다. 그 친구와 약속을 지키지 못했던 나 자신이 한없이 원망스러웠다.

나는 그 일이 있고 난 뒤에 사람들과 만남 약속을 하는 새로운 원칙을 갖게 되었다. 보고 싶은 사람이라면, 만나야 할 사람이라면, 낮이나 저녁 시간에 약속을 잡을 수 없다면 아침 식사를 함께하는 조찬 약속을 잡거나, 잠들기 전 심야 시간이라도 만남의 약속을 잡는다는 것이다. 그 일이 있고 난 뒤 내가 사람들과 만남 약속을 하는 새로운 원칙이다.

사람이 살다 보면 이런저런 일이 이어지고 있어 원래 바쁜 것이다.
그러나 바쁘다고 해서 만날 시간이 없는 것은 아니다.
시간은 내는 것이다.

대부분 사람은 만남의 약속을 낮, 혹은 저녁 시간으로 잡는다.
가장 합리적인 시간이기는 하다.
그러나 사람을 만나는데 어찌 만나야 하는 시간대가 있겠는가?
차일피일 약속을 미루다 한쪽이 갑자기 세상을 먼저 떠나면
영영 못 만날 수도 있다.

나의 경우처럼.

만남 약속에 있어,

시간대의 고정관념은 갖지 말자.

## 욕심이 없으면 근심도 없다

오늘도 여기저기에서 아기들이 태어나듯이, 또 이곳저곳에서 사람들이 이 세상을 떠나간다. 이 세상에 태어나고 싶다고 하여 태어난 사람이 없듯이, 더 살고 싶어도 누구나 자신의 의지와 관계없이 이 세상을 떠나가야 한다. 태어날 때 부모를 선택할 수 없음은 물론, 자신의 외모나 성격, 그리고 지능 등 그 어느 것도 선택할 수가 없다.

다른 생명체와는 달리 인간에게만은 삶이 너무나도 버거울 때 그 고통을 스스로 중단시키는 극단적인 방법으로써 자살을 선택할 수 있다. 자살에 대한 보편적 인식은 부정적이다. 그러나 자살은 사적인 상황에 따른 매우 개인적인 선택이라 그 누구도 단언하여 비판하는 것에 신중해야 한다.

여러 해 전이지만 영화배우 최진실씨가 자신의 두 아이를 두고 자살하여 사람들에게 깊은 충격을 안겨주더니, 이어 동생 최진영씨가 자살하였고, 그 남편인 조성민씨도 2013년 초 자살하여, 최진실씨를 둘러싼 사람들이 안타깝게도 스스로 목숨을 끊고 이 세상을 떠나고 말았다.

얼마나 마음이 답답하고 괴로웠으면 그랬을까 하는 안타까운 마음이 들지만 남겨진 사람의 처지에서 보면 망자가 지니고 있던 슬픔과 고통의 짐을 고스란히 산 사람에게 넘겨주고 갔기에 어떻게 보면 참으로 무책임하고 원망스러운 일이기도 하다. 남부러울 것 없는 재산과 학력, 외모를 갖춘 사람들임에도 불구하고 급기야 자살이라는 극단적인 선택을 하는 사람들을 더러 본다. 반면에 풀빵 하나에도 온 가족이 감사해하며 웃음이 떠날 줄 모르는 가정도 찾아볼 수 있다.

한번 태어나면 어차피 떠나야 하는 인생길인데 길고 긴 인생을 내내 무거운 짐을 걸머지고 걸어갈 수는 없다. 목숨을 내려놓는 자살을 선택하기보다는 마음속 욕심을 조금은 내려놓고 행복의 의미를 자그마한 것에서 찾아내어 만족할 줄 아는 지혜가 필요할 것 같다. 근심거리를 잔뜩 짊어지고 고통스럽다 하지 말고, 내려놓을 줄 아는 지혜와 용기가 필요하다. 법정 스님께서 "무거운 짐을 잔뜩 지고 힘들다 하지 마라. 내려놓아라. 그러면 가벼워질 것이다."라고 하시지 않았던가?

현재의 삶이 근심으로 황폐해지는 사람도 많다. 이런 분들에게 그 근심의 뿌리와 시작을 생각해보라고 권하고 싶다. 모든 근심의 근

원은 따지고 보면 모두 다 욕심과 기대심에서 나오는 것이다. 그래서 선현들은 욕심이 없으면 근심이 없다는 뜻으로 무욕무환(無慾無患)이라 했다. 옳은 말이다. 지난해 제16회 동리문학상을 수상한 소설가 강석경이 "예술도 인생도 결국 내려놓음을 통해 완성된다."라고 한 말은 삶의 깊은 성찰 끝에 내려진 지혜로운 결론이 아닐까? 늘 비우려 하며 욕심으로 자기 자신을 채우려 하지 않는 항허불만자(恒虛不滿者)의 마음을 닮으며 사는 것이 지혜로운 삶이다.

그러나 욕심이 없다면 삶은 단조로워질 것이며, 발전 또한 없을 것이다. 그래서 적절한 욕심은 삶의 동력이 된다. 문제는 자신의 역량을 뛰어넘는 욕심, 거짓을 무기로 하는 욕심, 남의 희생을 밟고 서려는 욕심이 문제이다. 그것을 알면서도 살다 보면, 쓸데없는 일에 집착하고, 쓸데없는 일에 자존심을 걸고, 쓸데없는 욕심을 갖게 되는 자기 자신을 발견하게 된다. 그래서 늘 자기 자신을 경계하는 마음가짐이 필요하다. 자신이 어떠한 모습으로 살아가고 있는지 잠시 가던 길을 멈추고 여유를 갖고 생각해보자.

# 사람은 믿음의 대상이 아니다

온 마음을 다해 믿었던 사람이 신의를 저버릴 때의 심경은
이루 말할 수 없이 실망스럽다.

곤경에 처해 있을 때 아낌없이 도움을 주었던 사람이
신의를 저버렸을 때는
더욱더 실망스럽다.
이럴 땐 대부분 실망을 넘어
분노의 감정에 이르게 된다.

살다 보면 신의를 헌신짝처럼 버리는 사람으로 인해
마음고생을 하는 사람들이 많다.
그러나 곰곰이 생각하면
그 실망감은 상대방에 대한 기대감에서 나온다.

사람에게 큰 기대를 하지 말라.
조건과 환경이 변하면 생각을 바꾸는 것이 사람이기 때문이다.

어떠한 조건과 환경 속에서도
한결같은 마음으로 사는 것이 이상적이긴 하나,

사람이기에 그러기에는 너무나 어렵다.
때론 자기 자신도 배신하는데
하물며 타인과의 신의에 변함이 없을 수 있겠는가?

사람의 생각은 고정불변이 아니고 변할 수 있기에
인간관계에 있어서 영원함이란 있을 수가 없다.
누구에게 시혜를 주었다면
설사 보답과 고마움의 표시가 없어 섭섭하더라도
마음을 털어버리고 주는 것으로 만족해야 한다.
그게 진정으로 베푸는 거다.

사람이란 시혜의 대상이지,
믿음의 대상이 아니다.

만일 신(神)이 존재한다면
믿음의 대상은 오직 신(神)일 것이다.

## 짐 지고 무겁다고 징징대지 마라

"사는 것이 재미없다. 왜 나만 이렇게 힘겨운 일만 거듭되는지 모르겠다."

이런 푸념을 늘어놓는 사람들과 자주 마주친다.

그래서 자세히 그런 분의 상황을 들여다보면
세상의 짐이라고는 모두 다 짊어진 듯, 정말로 짐을 많이 짊어진 분들이다.
그런 분들은
하고 싶은 일도 많고, 해야 할 일도 많고, 챙겨야 할 일도 많다.

자기 자신이 아니면
그 일을 처리할 사람도 마땅히 없다.
한마디로 근심이 많은 분이다.
근심이 많으니 사는 것도 힘겹고
주위에 원망하는 마음도 생긴다. 당연하다.

옛말에 무욕무환(無慾無患)이라는 말이 있다.
욕심이 없으면 근심도 없다는 말이다.
근심의 뿌리를 파고 들어가면 모두 다 욕심에서 출발한다.

출세의 욕심이 많은 사람은 그것이 이루어지지 않으면
그 욕심만큼 괴로움도 많고 근심도 많다.
금전에 욕심이 많은 사람은
경기가 풀리지 않거나 사업이 원만히 이루어지지 않으면
그만큼 근심도 깊어진다.

모든 것이 다 그렇다.
모든 일에 욕심이 많은 사람은 근심도 다양하고 괴로움도 많다.

짐을 있는 대로 다 짊어지고 무겁다고 징징대는 사람들이
우리 주변에 너무나도 많다.

내려놓으면 내려놓는 만큼 가벼워진다는 쉬운 원리를 받아들여야 한다.
태어날 때 빈손으로 오고 결국 빈손으로 돌아가는 것이 인생이니
물질적이나 외형적인 욕심에 매달릴 것이 아니라,
집착을 버리고
작은 것에서 행복을 발견하는
안빈낙도(安貧樂道)의 정신을 잃지 말아야 한다.

# 젊은이들이 안타깝다

얼마 전까지만 해도 봄철만 되면 온 국민이 중국발 황사로 고통을 받았는데, 요즘은 계절과 관계없이 미세먼지까지 가세하여 그 고통을 가중하고 있다. 미세먼지는 호흡기 및 심혈관 질환의 원인이 되어 사망률을 높이는 것으로 확인되고 있다. 특히, 크기가 10마이크로미터 이하의 미세먼지 입자들은 폐와 혈중으로 바로 유입될 수 있으므로 큰 위협이 아닐 수 없다. 이제는 공기도 물도 마음 놓고 마실 수 없는 시대가 되었다.

5, 60대 기성세대는 춥고 배고팠던 시절을 지냈지만, 어찌 보면 참 좋은 시절을 살았던 것 같다. 요즘에는 웰빙 음식으로 주목을 받는 무공해 유기농 채소를 먹고 살았고, 체육 수업이 끝나면 수돗가로 달려가 수도꼭지에 입을 대고 마음껏 물을 들여 마실 수 있는 시대에 살았다. 그리고 방과 후가 되면 마을 가까이에 있는 시냇가나 물웅덩이로 달려가 마음껏 물놀이를 하고, 물고기도 잡으며 놀았다. 요즘 같으면 될 법한 일인가?

기성세대가 살았던 시절은 자연환경만 좋았던 것은 아니었다. 낭만이 있었던 시절이었다. 그들의 청춘 시절에는 마음에 드는 사람을 만나면 가슴 뛰는 사랑의 마음으로 상대방을 아끼고 그리워하며 몇 년이고 기다림의 시간을 가졌다. 그러나 요즘 젊은이들은 만나자마자 하루에 사랑의 모든 과정을 마치는 경우가 흔하다고 한다.

옛날에는 〈쓰다가 만 편지〉라는 노래가 유행할 정도로 온 마음을 편지에 담아 상대방에게 보내고 답장을 목 놓아 기다리는 낭만이 있었다. 요즘은 이메일로 사랑 고백의 마음을 전송하는 것은 양반이고, 한 줄의 문자 메시지나 이모티콘 원 클릭으로 마음 전송을 끝낸다. 한마디로 낭만이 사라진 시대다.

고도성장의 시대 청춘을 보낸 기성세대에겐 기회가 많았다. 공부를 게을리하고 세월을 보내다가도 마음을 고쳐먹고 달려 들으면 학교 성적의 역전이 가능하였다. 삼류 중학교에 다니다가도 마음을 모질게 먹고 공부하면 일류 고등학교로 진학하는 것이 가능하였고, 삼류 고등학교에 다니다가도 모질게 마음먹고 공부에 매달리면 일류대학에 진학하는 사례를 흔히 지켜보며 자랐다. 요즘엔 전설 같은 이야기이며 거의 불가능한 이야기이다. 이젠 초등학교에서 일단 학력이 떨어지면, 중학교에서 반전이 안 되고, 그것이 고등학교로 그대로 연장되며 대학으로 이어진다.

사람 팔자도 예전엔 신분 수직 상승이 많았다. 변두리 대학을 다니다가도 모질게 마음먹고 고시준비를 하면 사법고시나 행정고시에 합격하여 수직 신분 상승하던 시절이 있었으나, 요즘은 천신만고 노력하여 그 힘들다는 사법고시에 합격이 돼도 검사나 판사로 임용되는 것은 너무도 힘든 일이고, 변호사가 되어도 취업을 걱정해야 하는 시대가 되었다.

5, 60대 기성세대들이 자라던 시절은 고도성장의 시대라 대학을 졸업하면 대부분 바로 취업으로 이어졌다. 그러나 요즘은 대학을 졸업해도 취업하기가 너무나도 어렵다. 취업한다 해도 바로 정규직으로 시작하는 젊은이보다 계약직이나 인턴직으로 시작하는 젊은이들이 더 많다.

얼마 전 전통예술 관련 모 국립기관에서 주관하는 신진 국악 단체들을 대상으로 하는 인큐베이팅 프로그램에 멘토로 참여하여 젊은이들과 토론의 시간을 가진 적이 있다. 그들은 공모를 통하여 선발된 명문 대학의 국악과를 졸업한 젊은이들이 대부분이었지만 그들의 얼굴에는 미래에 대한 자신감보다는 불확실한 미래에 대한 불안감이 역력하여 안타까운 마음이 들었다.

서양음악 전공자의 경우는 더하다. 그들은 음악대학을 졸업하고 유럽 등 해외로 유학을 떠나 6년 정도 죽어라 공부하고 돌아와도 일자리를 구하기가 너무도 어려워 택배 일이나 이삿짐센터에서 일하는 이들도 적지 않다는 서글픈 이야기들이 나돌고 있다. 아마 사실일 거다.

요즘 시대를 살아가는 젊은이들이
한없이 안쓰럽게 보인다.

요즘 젊은이들은
기성세대보다 더 기름진 음식을 먹고, 좋은 옷을 입고 자랐지만,
결코 기성세대들보다도 좋은 시대에 사는 것은 아닌 것 같다.

이런 삭막한 시대에
우리 같은 기성세대들은
젊은이들을 그저 어리고 한심스럽게만 볼 것이 아니라,
그들의 어려움에 공감하고 이야기에 귀 기울여주고,
그들의 생존 환경을 개선해주기 위하여
어떠한 역할과 조력을 할 수 있을지 꼼꼼히 따져보고,

생각으로 그치는 것이 아니라
적극적으로 나서줘야 한다.

그것이 기성세대가 할 일이다.

# 감사한 일이 너무도 많다

'범사(凡事)에 감사하라'라는 말이 있다. 참 지당한 말이다.
세상을 살아가는데 힘겹고 어렵게 하는 것들도 많지만
곰곰이 따져보면 감사한 일이 너무도 많다.

세상에는 육신의 장애로
힘겹게 살아가는 이들이 얼마나 많은가.
그렇기에 온전한 육신으로 살아간다는 것이 감사하다.

큰 걱정 없이
하루 밥 세 끼를 먹으며 살아간다는 것이 감사하다.

비록 허름한 집이지만 잠을 잘 수 있고
휴식을 취할 수 있는 내 집이 있어 감사하다.

큰 걱정 끼치지 않고 잘 성장하여 결혼하고
단란한 가정을 꾸미고 살아가고 있는 딸과 아들이 있다는 것,
그리고 어여쁜 손주들이 있다는 것에 감사하다.

남들이 흔히 갖지 못하는 수많은 제자가 있다는 것에 감사하다.

여러 문화 관련 기관을 거치면서
늘 정겹게 인사를 나눌 수 있고
가끔 서로 연락을 나눌 수 있는 옛 동료들이 있어 감사하다.

나의 시 창작 의욕을 북돋아 주는
문학계 선배들과 동료들이 늘 곁을 지켜주어 감사하다.

세상을 살아가다 보면
나보다 더 많이 갖고,
더 좋은 조건에 살아가고 있는 이들도 많지만

나보다 덜 갖고,
더 열악한 조건 속에 고통 속에 살아가고 있는 이들이 더욱 많다.

올려다보면 한도 끝도 없겠지만,
내려다보면
지금의 나의 삶은 분에 넘치는 감사함으로 가득 차 있다.

## 당신은 모르실거야

사랑이란 기다려주는 것이다.
상대방의 아픔마저 자신의 아픔으로 받아들이고
지켜보며 기다려주는 것이라 생각한다.

자신이 늘 부족하며 못 해줘서 늘 미안하다는 생각은커녕
자기에게 관심을 두지 않는다고
상대방을 원망하고 조바심을 내는 연인들이 요즘 얼마나 많은가.

상대방의 아픈 마음에 안타까워하고
기다려주는 넉넉한 마음을 잘 표현해 주는 노래가 있다.
가수 혜은이가 부른 〈당신은 모르실거야〉이다.

'당신은 모르실거야 얼마나 사랑했는지/세월이 흘러가면 그때서 뉘우칠 거야/마음이 서글플 때나 초라해 보일 때에는 이름을 불러 주세요/나 거기 서 있을게요/두 눈에 넘쳐흐르는 뜨거운 나의 눈물로/당신의 아픈 마음을 깨끗이 씻어드릴게/당신은 모르실거야 얼마나 사랑했는지/뒤돌아 봐 주세요/당신의 사랑은 나요'

노래 가사가 구절구절 마음에 와닿는다.

이렇게 대중가요는 사람의 마음을 잘 표현하며
가사 속에 사람의 삶이 잘 투영되어 있어 좋다.

클래식 성악을 하는 분들도
친구들과 흥겹게 어울려 놀다 마지막에 부르는 노래는
대중가요다.

청록파 시인으로 널리 알려진 조지훈 시인도
자신은 "평생 시를 썼지만,
사람의 삶이 가장 잘 녹아 있는 것은 대중가요 가사다"라고
고백하였다고 하지 않은가?

## 하룻밤 같은 인생

얼마 전 아내가 동사무소에 받아 왔다고 하면서 내게 발급된 경로우대카드를 건네주었다. 카드를 살펴보니 '서울특별시 어르신 교통카드'라고 적혀있었다. 내가 사회에서 이르는 '어르신'의 대열에 섰다는 것을 깨우친 교통카드였다. 버스는 유료지만 지하철은 이 카드로 무료로 탑승할 수 있게 되었다. 무료 탑승권을 받았는데 기분이 좋은 것이 아니라 어딘지 마음이 씁쓸하고 허전해졌다.

어린아이가 지난날을 돌이켜보아도 하룻밤 같고, 청년이 지난날을 돌이켜봐도 하룻밤 같고, 90세 노인이 지난날을 돌이켜봐도 하룻밤 같은 것이 사람의 인생이라서, 어쩌면 사람의 삶은 하룻밤 같은 것이 아닐까? 나 자신도 지나온 날을 돌이켜 보면 하룻밤 같은데 벌써 경로우대증이 발급된 나이가 된 것이다.

나이가 든 사람에게는 흔히 있는 일이겠지만 상대가 남자이든 여자든 간에 젊은 시절에 잠깐 만났다가 수십 년 만에 만난 사람의 얼굴을 보면 변해 버린 상대방의 모습이 마치 영화 〈타이타닉〉의 첫 장면처럼 영화의 한 장면을 보는 것과 같다.

얼마 전 무용 전문잡지를 뒤적이다가 한 원로 무용가의 사진이 눈에 들어왔다. 그녀는 내가 젊었을 때 일 관계로 몇 번 만났던 무용가

였는데 당시에는 무척 아름다운 모습에 당당한 모습이 무척 인상적이었다. 그런데 잡지에 나타난 모습에는 젊었을 때의 아름답고 당당한 모습은 찾아볼 수도 없이 늙어 버린 여인의 모습이었다. 이럴 때 세월의 허망함이라고 표현해야 할까?

그런 경험을 자주 접할 수 있는 것이 KBS TV 방송의 〈가요무대〉이다. 젊은 시절 인기를 한 몸에 누리던 대중가요 가수가 수십 년 만에 나타나 그 시절의 노래를 부를 때 변해버린 모습에 반갑기도 하지만 애잔하게 느껴진다. 변해 버린 가수의 모습에서 나 자신의 모습이 투영되는 것은 나만 느끼는 감정이 아닐 것이다. 요즘 거울에 비친 내 모습을 보면 영락없는 '할배' 모습이다. 내 얼굴이지만 솔직히 마음에 안 든다.

사람들은 노년을 자연스럽게 받아들이라고 충고하는데 그 충고가 하나도 고맙지도 않고 수긍해야 할 것 같은데 영 그러고 싶지가 않다. 한때는 나도 고왔던 얼굴이었는데 얼굴 여기저기에 주름이 가득하다. 그래서 때론 시간이 그냥 멈췄으면 하는 바람도 있지만, 그것은 불가능하다. 그러니 어쩌랴. 그냥 받아들일 수밖에.

그러나 모습은 영락없는 '할배'라도 마음만은 소년 못지않게 순수를 지향하며 추하게는 늙지 않는 것이 현재의 최적화 자세이겠지.

## 잘못 하나 때문에

인간의 내면은 양면성이 있다. 도스토옙스키는 인간의 내면에는 '신과 악마가 싸우고 있다. 그 전쟁터가 인간의 마음이다.'라고 말했다. 오로지 자기 자신의 이익만을 좇으려는 자기중심적인 악마의 생각과 공익과 신의를 위한 것이거나, 도덕과 사회규범에 따르거나, 자기 자신보다는 상대방의 이익과 상대방을 배려하고자 하는 신(神)의 생각이 다 함께 존재한다.

그러나 인간관계에 있어 행동으로 표출되는 것은 대부분 후자를 따르지만 그렇지 않을 수도 있다. 인간이기 때문에.

전자적(前者的)인 생각으로 행동으로 표출되는 것을 '잘못'이라고 한다. 인간관계에 있어서 상대방이 신의를 저버린 행동을 하거나 자신의 사고방식과는 전혀 다른 행동이 표출될 때 인간적인 실망감을 느껴 심지어 절교를 심각하게 고려하는 경우가 많다. 상대방이 서로 인간관계에 있어, 만(萬) 가지 좋은 일들과 추억이 있었음에도 한 가지 잘못이 있었다 해서 그 많고 많은 좋은 일들과 추억은 다 잊어버리고 한 가지 잘못 하나를 이유로 절교를 결심하는 것은 경솔한 태도이다.

사람은 자신을 포함하여 모두 양면성이 있는 동물이므로 순간적으로 잘못된 행동을 선택할 수도 있다. 인간관계에 있어 상대방의 잘못 하나로 모든 과거를 부정하는 사례를 흔히 보게 되는데 그것은 자기 자신의 이익만을 생각하는 이기적인 태도이다.

상대방이 경우에 어긋난 행동을 하였을 때는 혼자 판단하지 말고 상대방에게 솔직하게 자신의 실망감을 설명하고 일단 상대방의 변명을 들어봐야 한다. 상대방이 솔직히 자기 자신의 잘못을 인정하고 이해를 구할 때는 '사람이기에 그런 일도 할 수 있다'라고 생각하고 사과를 받아들일 줄 아는 넉넉한 자세가 필요하다.

그런데도 끝까지 자기 자신의 잘못을 인정하지 않을 때는 극단적인 절교의 통고를 보내기보다는 아무런 내색을 보이지 않고 냉각기를 가지는 것이 좋다. 될 수 있으면 그가 자신에게 해주었던 그 많고 많은 고마운 일들과 좋은 추억이 그가 자신에게 준 선물이었다고 생각하면서 냉각기를 가지고 기다려볼 필요가 있다.

그런데도 일정 시간이 지나도 상대방이 끝까지 사과의 태도를 보이지 않을 때는 상대방이 의식하지 못하도록 하면서 그와는 함께 일을 도모하지 않는 것이 좋다. 내 경험으로 보아서는 그러한 사람은 또다시 신의에 어긋난 행위를 저지를 가능성이 아주 크다.

화가 치밀더라도 절대로 극단적인 절교의 통보는 보내지 마라. 아무런 이익 없이 원수를 만들 필요는 없다. 나 자신도 잘못할 수 있는 사람이고 내가 판단한 것이 잘못된 판단일 수도 있다. 잘못은 잠시는 숨길 수는 있지만, 세월이 흐르면 스스로 다 드러난다. 오해였으면 그것도 다 풀린다. 그때 따져도 늦지 않다.

## 함께 어우러져 사는 세상

사람 사는 세상엔 별의별 사람들이 있다.
참 멋지게 살고 있어 부러운 사람도 있지만,
때론 "왜 저런 모습으로 살까?" 하고 눈살을 찌푸리게 하는 사람도 있다.

나는 사람 사는 세상을 하나의 산에 잘 비유한다.
산에는 나무와 풀, 큰 나무와 작은 나무, 가시나무와 줄기 나무, 각가지 새들과 짐승들, 그리고 곤충들, 큰 바위와 작은 바위, 그리고 갖가지 돌들, 그리고 샘과 시냇물이
하나가 되어
어우러져 산을 이룬다.

나무는 풀에게 "왜 너는 풀이니?"라고 묻지 않고,
풀은 나무에 "왜 너는 나무냐?"고 따지지 않고
함께 어우러져 산다.

새나 짐승도 서로에게 "왜 너는 그렇게 태어났냐?"고 따지지 않고
어우러져 함께 산다.

사람 사는 세상도 그렇다고 생각한다.
키 큰 사람, 작은 사람, 잘난 사람과 못난 사람, 남자와 여자,
성격 좋은 사람과 그렇지 못한 사람, 순한 사람과 모진 사람이
함께 어우러져 세상을 이룬다.

키 작은 사람에게 "당신은 왜 그렇게 작으냐?"고 따진들
그의 키가 커지는 것은 아니다.

마음의 용량이 작게 태어난 사람에게
마음의 용량을 키우라고 한들
마음의 용량이 커지는 것이 아니기에
있는 그대로 인정해주는 것이 지혜로운 일일 것이다.
그래야 세상이 평화로워진다.

상대방을 있는 그대로 인정하고 존중해주는 것이 옳다.
상대방도 나를 있는 그대로 인정하고 존중해주면 좋지만
그렇지 않더라도 할 수 없는 일이다.

## 인간은 양면성이 있다

살다 보면 믿었던 사람으로부터 배신을 당하는 경우가 있다.
그러면 당신이 나에게 어찌 그럴 수 있는가 하며 분노와 배신감이 든다.

상대방이 곧 잘못을 인정하고 사과를 해오면 기분은 나쁘지만,
자신의 마음을 달래며 이해하는 쪽으로 방향을 바꿀 수 있는데,
자신의 잘못을 인정하기는커녕
시치미를 떼거나 배신행위를 정당화하면
절교로 이어지는 경우가 일반적이다.

그러나 여기서 잠깐 멈추고 생각해보아야 한다.
인간은 선과 악의 양면성이 있어서
상대방에게 해가 되는 경우라 하더라도 자신에게 돌아오는 이익이 크다면
배신행위의 유혹을 느낄 수 있다.

대부분 사람은
이러한 잘못된 유혹을 억누르고 상대방과의 신의를 저버리지 않지만,

그 이익이 크거나 자신이 절박한 상황에 부닥치면
혹간 그 신의를 저버릴 경우가 있다.
물론 잘못된 행위이다.

상대방의 그 행위만으로
상대방과의 인간관계를 끊어 버리는 것에는 신중해야 한다.

사람과 사람이 만나 서로 인간관계를 맺기까지는
서로 의지하고 돕고, 슬픔도 기쁨도 함께했던 긴 세월이 있었다.
그 많고 많은 신의의 시간이 있었는데
한두 가지 섭섭한 일로 그 모든 시간을 부정하고
인간관계를 끊는다는 것은 경솔한 일이 아닌지 깊이 성찰해보아야 한다.

살다 보면 성인군자가 아닌 바에는 누구나 잘못을 저지르게 마련이다.
나의 잘못은 사연이 있는 것이고,
남의 잘못은 나쁜 일로만 보는 것은
이기적이고 자기중심적인 생각이다.

그러니 사람 관계에서는 좋았고
고마웠던 시간을 떠올리며
상대방에게 조금 더 너그러워져야 한다.

# 이 세상에 내가 최고다

이 세상에서 가장 소중한 사람은 누구일까?
바로 자기 자신이다.

자기 자신이 없다면
이 세상 사람들과 삼라만상이 다 무슨 소용이 있으랴?
그렇기에 나 자신이 소중하듯
이 세상을 살아가는 사람들은
모두 다 자기 자신에 있어 가장 소중한 사람이므로
내가 만나는 상대방을 인정하고 존중해줘야 한다.

살다 보면 상대방과 자기 자신을 비교하며
근거 없는 우월감을 느끼는 사람도 있는가 하면,
괜찮아 보이는데
자기 자신이 그보다 못한 사람이라고 생각하는 사람들도 있는 것 같다.

참으로 잘못된 발상이다.
자기 자신이 상대방에 비하여 못한 것이 아니고
서로 환경과 조건이 다른 것이다.

드높은 명예와 엄청난 재산을 가졌다 하더라도
자신이 불행하다 여기면 불행한 것이고,
명예도 없고 가난하다 할지라도
본인이 행복하다 여기면 행복한 것이다.

부와 명예를 가진 사람이라고
그에게 기죽지 말자.
그가 나에게 매월 몇백만 원씩 부쳐주거나,
좋은 직장에 나를 취직시켜주는 것도 아닌데
왜 그 앞에서 기가 죽거나 그를 부러워하나?
자존감 있게 살자. 내가 최고다.

## 어르신 소리를 들을 자격

요즘 내 주변을 살펴보면 백발이 성성한 노년의 나이인데도
뭐 한자리 해보겠다고 이곳저곳을 기웃거리며,
권력자에게 눈웃음치며 꼬리를 흔들어대는 사람들을 더러 본다.

물론 노년이라고 해서
모두 무조건 일자리에서 물러나야 한다는 것은 아니다.
김동호 부산국제영화제 집행위원장은 고령임에도 불구하고
문화부차관, 예술의전당사장, 영화진흥공사사장, 문화융성위원회 위원장을 거쳐
부산국제영화제를 세계적인 영화제로 이끌어가고 있다.

이렇게 아직도 체력이 일을 감당할 만하고 그 능력이 인정되어
일이 맡겨지면 예외이지만,
그렇지 않은데도 불구하고 한자리하겠다고
학연, 지연, 혈연을 총동원하여 동분서주는 하는
노년의 사람들을 지칭하는 것이다.
그런 것을 노욕이라 한다.

노마호두(老馬好豆)라는 말이 있다.
글자 그대로 '늙은 말이 콩을 더 밝힌다.'라는 뜻이다.

마음을 비우고 베풀어야 할 노년에
오히려 더 명예와 돈을 밝힌다는 뜻으로
노욕을 꼬집는 말이다.

나도 젊었을 때 선배들의 노욕을 지켜보며 손가락질을 했던 기억이 있다.
나는 저렇게는 늙지 않겠다고
속으로 얼마나 많은 다짐을 했던가?

이제는 내가 그 나이가 되었다.
이제는 나의 직책이나 성과에 연연하기보다는
가치 있는 삶에 무게 중심을 두고 살아야 할 나이가 되었다.

늙어지면 쿨 하게 젊은 사람에게 자리를 물려줄 줄도 알아야 하고,
후배들이 성공적으로 살아가도록 도와주는 것이
도리인 줄 알아야 한다.
그래야 어르신 소리를 들을 자격이 있는 것이다.

추하게는 늙지 말자.
곧 죽어도!

# 나는 속이 상할 때 술을 먹지 않는다.

나는 속이 상할 때는 술을 거의 먹지 않는다.
술에 기대어 그 속상함을 잊어버리려 하는 내가 싫고
자존심이 상하기 때문이다.

대신 술은 기분 좋을 때 언제나 오케이다.
술이 들어가면 기분 좋은 마음이 업(up)되기 때문에 좋다.

대신 속이 상할 때는 나는
될 수 있으면 홀로의 시간을 가지려 한다.
방해받지 않을 장소에서 홀로 있으면서
이 속상함이 내가 고민하고 노력하면 해결될 일인지,
아니면 숙명적이거나 환경적인 일이라
내가 고민하고 노력한다고 해서 해결될 일이 아닌지 깊이 생각해 본다.

만일, 이 속상함이
내가 고민하고 노력하면 해결될 수 있는 일이라고 판단이 서면,
그 해결 방안이 떠오를 때까지
밤을 새워서라도 고민해보고,

만일 그것이 내가 고민하고 노력해도 해결될 일이 아니라면
쿨하게 마음을 비우고 고민을 멈춘다.

"아마도 지금의 이 난관은 시간이 해결해 주겠지."
아니면 "그냥 이 고통을 감내해야겠지. 언젠가 환경이 변하면 해결되겠지."라고
결정하고 생각을 접어버린다.
몸과 마음만 상했지 고민한다고 해결되는 일이 아니기 때문이다.

## 주어진 조건과 환경에 감사하자

사람마다 자신에게 주어진 조건과 환경에 반응하는 것이 다 다르다. 한 달 월급이 백이십만 원인 사람인 두 사람이 있다고 치자. 한 사람은 자신의 봉급이 백이십만 원밖에 안 됨을 한탄한다. "애개~ 이 돈 갖고 어떻게 한 달을 보낼 수 있어? 나는 왜 늘 이 모양이야?" 하고 한숨을 쉰다. 그리고는 이어 "어떤 사람은 월급이 몇천만 원이나 된다는데…" 하며 자신의 신세를 한탄한다. 그리곤 늘 박봉을 면하지 못하는 자기 자신이 매우 불행하다고 여긴다.

다른 한 사람의 반응은 다르다. "이 월급이라도 받는 것이 어디야?" 하며 "취직도 못 해 월급도 받지 못하는 사람이 얼마나 많은데…. 아껴 써야지" 하며 만족한 사람도 있다. 그는 자기보다 더 가난하게 사는 사람들을 떠올리며 자신의 지금 상황에 감사해하며 만족한다. 그리고 장애인으로 살거나 가난 속에서 힘겹게 살아가는 사람들을 떠올리며 자신의 육신이 멀쩡하고 그래도 박봉이라도 받고 사는 자신의 삶에 감사하는 마음을 갖고 산다.

얼마 전 친구들과의 저녁 모임을 하고 심야에 택시를 타고 귀가하는 중이었다. 차도 한가운데 한 할머니께서 차에 치여 쓰러져 있었다. 할머니께서 꼼짝하지 않고 쓰러져 있는 것으로 보아 이미 돌아가신 것 같았다. 할머니의 주변엔 폐휴지를 나르는 손수레와 폐휴지 덩어리가 나뒹굴고 있었다. 아마도 평생을 갖은 고생을 하며 가난하게 사시다가 한 푼이라도 버시겠다고 심야에 폐휴지를 나르시다 그렇게 비명횡사하신 할머니의 슬픈 운명이 무척 안쓰럽고 불쌍했다. 그 할머니에 비하면 나는 얼마나 행복한 삶을 사는 것인가?

살다 보면
자신의 소망대로 되는 것이 아니다.

그러기에 막강한 재력을 갖추면 좋겠지만
그것이 자신의 소망대로 되는 것이 아니니,
주어진 조건과 환경에 감사하는 마음을 갖고 사는 것이
지혜로운 삶의 태도일 것이다.

올려다보면
끝도 없는 것이 사람 사는 세상이니,
그렇게 살기보다는
나보다 못한 사람과 자신을 비교하며
그래도 나는 행복하다고 여기며 사는 지혜가 필요하다.

## 누가 나를 돌봐주겠는가?

살다 보면 때론 위기와 역경에 부닥칠 때가 있다. 어찌해야 할지 모르는 절체절명(絶體絶命)의 위기의 순간에 어디선가 귀인이 나타나 결정적인 도움을 주어 자신을 위기에서 구해 줄 수도 있겠지만, 그런 경우는 드라마나 영화에서나 가능하다. 현실에 있어 대부분은 자력으로 그 위기에서 벗어나야 한다. 그렇게 하지 못하다면 위기에서 벗어나지 못한 채 절망의 구렁텅이에서 헤매야 한다.

위기에 처할 때 사람마다 반응하는 양상이 다르다. 위기에 처할 때 반사적으로 좌우를 둘러보며 자신을 도와줄 사람을 찾는 사람이 있는가 하면, 혼자의 힘으로 위기에서 벗어나기 위해 온 힘을 다하는 사람이 있다.

세상은 그리 훈훈한 곳이 못 되어서 그 누군가를 위기에서 벗어나도록 선뜻 다가가 도움의 손길을 뻗는 사람은 그리 많지 않다. 혹시 그 불똥이 자기에게 옮겨붙거나 손해를 볼 수도 있기 때문이다. 그래서 위기에 처할 때는 자력으로 위기에서 벗어나겠다는 자세가 필요하다.

어느 사람이 위기에 처할 때 사람들이 얼마나 도움을 주는지 실험을 해보았다고 한다. 심야 시간에 아파트 단지한 가운데서 몇 번이고 목청을 높여 "사람 살려!"를 외쳐보았다고 한다. 아무도 그를 돕기 위해 뛰쳐나오는 사람이 없어 무척 허탈했다고 한다.

그러나 이 세상에는 어찌해야 할지 모르는 절체절명의 위기의 순간에 자신을 돌보지 않고 도움을 주는 의로운 사람들이 더러 있다. 그래서 이 세상은 살 만하다.

일반적으로 세상 사람들은
타인의 불행에 대해서 큰 관심을 두지 않는다.
대체로 그냥 호기심으로 잠깐의 관심을 보일 뿐이다.

남이 나를 돌봐 주리라는 미련을 버려야 한다.
인생의 주역은 자기 자신이다.

"누가 나를 돌봐주겠는가? 나는 내가 돌본다."라는
마음의 자세로 살아가야 한다.

## 바쁠수록 여유와 미소를 잃지 마라

이곳저곳에서 분주한 모습으로 살아가는 사람들과 만난다.
얼굴에 여유라고는 보이지 않고
심지어 마치 전쟁터에 나가는 사람처럼
비장함이 감도는 사람들의 모습을 심심찮게 보게 된다.

그러한 사람은 마치 일을 위해 태어난 사람 같다.
그렇다고 그가 하는 모든 일이
완전무결하게 성공적으로 잘되는 것도 아닌데도 말이다.
그런 사람들의 마음속엔
우리가 비집고 들어갈 틈이 없어 그냥 바라만 보게 된다.

우리 속담에 "바쁠수록 돌아가라"라는 말이 있다.
그것은 바쁠수록 여유를 갖고 최선의 방책을 찾아가며 일해야
실수가 없다는 뜻이다.

바쁘더라도 미소와 여유를 갖고
주위에 있는 사람들을 편안하게 해주어야
그들로부터 협업을 끌어낼 수가 있다.

넉넉한 마음을 가지면
다른 사람들이 그 사람의 마음 안에 들어가
상의하며 손을 잡을 틈이 마련된다.

세상일은 혼자서 해내야 하는 일도 있지만
대부분 여러 사람과 협업해야 하는 일이
대부분이기 때문이다.

# 억울한가?

일하다 보면 여러 가지 상황과 접하게 된다.
똑같은 상황이라도 사람마다 보는 관점이 다를 수도 있다.

당면한 상황을 긍정적으로 보는 사람이 있는가 하면,
부정적으로 보는 사람이 있다.

세상일이 다 그렇지만
일이 모든 일이 다 순조롭게만 풀려나가는 것은 아니다.
일하다 보면
나쁜 상황이나 실패를 경험하는 때도 많다.

그럴 때 "왜 나에게만 이런 나쁜 상황이 닥치는 거지?" 하며
세상을 원망하며 주저앉아 신세 한탄만 할 수도 있겠지만,
오히려 그러한 나쁜 상황과 실패를
반전과 성공의 계기로 받아들이고
툭툭 털고 일어나 더욱 정진하는 사람들도 있다.

인욕정진(忍辱精進)이라는 말이 있다.
욕됨을 참고 더욱 정진하여 성공의 길로 나아가라는 말이다.

나에게도 모함에 빠져 최악의 상황에 내몰려,
모든 것을 다 잃고
울분의 시간을 보내던 절망의 시간이 있었다.
만일 내가 그 당시에 그 상황을 원망하며 시간만 보냈다면
오늘날의 나는 없었을 것이다.

당시에 울분의 시간을 보내던 나에게
멘토로부터 인욕정진하라는 충고를 받았다.
고심 끝에 감사히 그 충고를 받아들여
당시의 상황을 반전의 계기로 받아들이고
툭툭 털고 새로운 출발을 했던 것이
오히려 전화위복이 되었다.

혹시 지금 울분과 절망의 늪에 빠져 지내는 분들은
인욕정진하시라는 충고를 드리고 싶다.

# 기대가 크면 실망도 크다

일하다 보면
주위의 사람들에 대하여 배신감을 느끼거나
실망감이 드는 일이 더러 있다.

저 사람은 왜 저럴까?
나는 늘 그를 배려하고 잘 대해주었는데
왜 나에게 배신적인 행동을 할까?

일의 경우도 그렇다.
모든 것을 바쳐 최선을 다해 일하였는데
그 성과가 초라해 속이 상할 때가 더러 있다.

사람에게 상처받는 일도 그렇고,
살다 보면 여기저기서 생기는 모든 근심 걱정도 거슬러 따져보면
작든 크든 다 내 욕심에서 출발하는 것이다.

이 세상일이 어찌 내가 생각하는 대로 될 수 있으랴.
이 세상 사람들이 어찌 나처럼 생각해줄 수 있으랴.

그것도 다 욕심이다.
해결 방안은 내 안에서 찾아야 한다.

그것은 욕심을 줄이고, 기대치를 줄이면 된다.
기대치에 100% 충족되면 좋겠지만
70%면 그게 어디냐 하고 생각하고,
10% 정도밖에 이루어지더라도
안 된 것보다 낫다고 생각하고,
아예 이루어지지 않게 되면
그 일과 인연이 없어서 그런 거로 생각하면 된다.

그러면 마음도 덜 상하고, 상처도 덜 받게 된다.
기대가 크면 실망도 크다.
기대치를 줄여라.

## 지나간 일은 거론하지 말자

'엎질러진 물'이라는 말이 있다.
다시 돌이킬 수 없는 상황을 말한다.

살다 보면
상대방의 실수나 잘못된 행동으로 낭패를 보는 경우가 종종 있다.

그런 일을 당하면
순간 화가 머리끝까지 치밀어 올라
상대방을 힐책하거나 잘못을 따지고 싶어질 때가 있다.

그때 잠시 진정하고 한 박자 쉴 필요가 있다.
그 상황이 '엎질러진 물'의 상황이 아닌지 판단해 보아야 한다.
화를 내거나 따져서 되돌릴 수 있는 일이라면
화도 내고 끝까지 따져봐야 한다.

그러나 그것이 악의로 의도된 것이 아니라 하다 보니
결과적으로 잘못되어 되돌릴 수 없는 일이라면
쿨하게 이해하고 용서해주고 다음을 기약해야 한다.

선의로 한 일이 결과적으로 잘못되었을 때는
그 선의 부분에 감사해하는 아량을 보인다면
오히려 더 좋은 인간관계를 기약할 수도 있다.

잘못은 저지른 대부분 상대방은 힐책이 지나치면
자기 잘못에 대해 반성하기보다는
힐책에 대한 서운함과 섭섭함이 더 커져,
미안함은커녕 오히려 적대적인 입장으로 돌아서기가 쉽다.

그것은 일도 망치고 사람도 잃어버리는 이중의 손해이다.
그러니 지나간 일은 거론하지 말자.
거론한다고 다시 돌아갈 수 있겠느냐?

## 발품을 많이 팔아라

필요한 것을 구하고자 할 때
힘들더라도
될 수 있으면 발품을 많이 팔면
의외로 더 좋은 조건의 것을 구할 수가 있다.

가장 대표적인 예를 들자면
토지나 주택을 매입하거나 전세나 월세를 구할 때 특히 그러하다.
더 많은 부동산중개인을 만나 상담을 해보고,
부동산중개인과 함께 더욱 많은 매물의 현장을 직접 방문하여 살펴보면
의외로 값싼 가격으로
더욱 좋은 조건의 매물을 만날 수가 있다.
부동산의 경우만 그런 것이 아니다.

모든 영역이 대부분 다 그렇다.
인터넷에 올라온 광고나 몇몇 사람의 말만 믿고 선택을 하면
실망하는 일이 많다.

직접 현장을 방문해 보거나
현물을 보고 판단해야 한다.

세상은 넓고 다양하다.
발품을 많이 팔아라.
발품을 많이 팔수록 조금 더 챙길 수 있다.

## 피할 수 없다면 즐겨라

세상을 살아가다 보면 달달한 일만 만날 수는 없다.
때로는 마주치고 싶지 않은 일도 종종 만난다.

피해가고 싶기도 하지만 피할 수 없는 상황도 많다.
대부분 그러한 일은 일을 처리하는 과정이
힘에 부치거나, 피곤하거나, 짜증이 나게 마련이다.

그러나 어쩌랴.
어차피 처리해야 할 일이라면
정면으로 맞부딪혀 즐기듯 처리하는 것도 지혜로운 일이다.

결국, 내가 해야 할 일이라면 즐기며 일을 처리하라.
짜증을 내며 일을 해봐야 자신만 피곤하고 정신 건강에도 해로울 뿐이다.

자신의 역량과 내공은 끝없는 도전 속에서
난관을 이겨내는 데서 쌓인다.

만일 그 일이 누구를 위한 일이라면
일을 해주며 고맙다는 말을 들어야 한다.
일은 일대로 해주고 짜증을 내거나 싫은 내색을 보여
당사자가 고마운 마음보다는
섭섭한 마음이 생기게 하여
공 없는 일이 되는 경우를 수도 없이 많이 보았다.

피할 수 없다면
즐겨라.

# 사과한다고 나쁜 놈이나 바보가 되는 것은 아니다

사람이 어찌 하는 일마다 옳은 일만 할 수 있겠는가?
일하다 보면 잘못 판단하여 실수할 수도 있으며,
사사로운 이익에 마음이 잠시 흔들려
상대방의 마음에 상처를 줄 수 있는 일을 할 수도 있다.

그리하여 상대방과의 인간관계가 단절되는 지경에 이르기도 한다.
물론 그 지경까지 가면 안 되는 일이다.
이럴 때는
되도록 빨리 상대방에게 진심으로 사과해야 한다.
빠르면 빠를수록 좋다.
사과하는 것도 유효기간이 있기 때문이다.

그렇게 했음에도 불구하고
상대방이 받아들이지 않는다고 해도
받아들일 때까지 거듭거듭 사과해야 한다.

그런데도 끝까지 상대방이 받아들이지 않는다고 해도
사과의 마음조차 놓아버려서는 안 된다.

그런데 사람들은 사과하는 데 있어서 대체로 인색하다.
왜냐하면,
사과해버리면 자신이 나쁜 사람으로 낙인이 찍혀 버릴까 봐,
혹은 모자란 사람, 즉 바보 같은 사람으로 비칠까 걱정해서이다.

사람은 누구나 잘못을 하고, 실수하므로
사과한다 해도 나쁜 사람이 되거나 바보가 되는 것이 아니다.
진실하게 상대방에게 사과했기 때문에
오히려 인품이 돋보인다.

# 화가 나더라도 티 내지 마라

사람들과 어우러져 사는 세상에
만날 때뿐만 아니라,
생각만 떠올려도 미덥고 사랑스러운 사람이 있는가 하면,

주는 것 없이 얄미운 짓만 하는 사람도 있다.
그러나 어쩌랴.
함께 살아가는 세상이니 같이 살아갈 수밖에…….

가만 내버려 둬도
미운 짓만 하는 사람인데
그런 사람에게 미운 티를 내서
굳이 갈등 구도를 만들어
시비의 빌미를 줄 필요가 없다.

미운 사람에게 화가 나더라도
결코, 티 내지 마라.
티 내면 나만 손해다.

## 받았으면 반드시 갚고, 주었으면 잊어라

때로는 도움도 받고, 주며 사는 것이 사람 사는 세상이다.
도움을 받으면 잊지 말고 갚는 것이 도리이기는 하나
종종 잊고 사는 것이 인지상정(人之常情)인 것 같다.

도움을 받으면 바로 갚지는 못하더라도
고마운 마음만은 잊지 않고 살아가는 것이 맞다.

그런데 사람들은 도움을 받으면
당연히, 혹은 자기가 잘나서 도움을 받은 것으로 여기고
살아가는 사람들이 의외로 많다.

도움을 주었으면 잊고 사는 것이 좋다.
그렇지 않으면 섭섭한 마음이 생기게 마련이다.

그러면 서로 간의 인간관계도 서먹서먹해진다.
도움을 주었으면
"내가 좋아서, 아니면 마음이 내켜서 베풀어 준 것이니 그것이면 족하다"고
생각을 접고 사는 것이 좋다.

대가를 바라고 도움을 준 것이라면
그것은 베푼 것이 아니기 때문이다.

## 나에게 잘해주는 사람에게 더 잘해라

살다 보면 주는 것 없이 그냥 미운 사람도 있고,
특별한 이유도 없이 늘 신경 거슬리게 하는 사람도 있다.

또 어떤 사람은 대놓고 괴롭힘을 주는 사람들도 있다.
그런 사람들은 대부분 인성이 별로여서
관계를 더욱더 좋게 해보려고 아무리 정성을 들여도
행동이 개선되거나 달라지지 않는다.

그래도 계속 신경이 쓰이게 하니,
호의적 관계로 개선되는 그것까지는 바라지도 않지만
껄끄러운 관계만이라도 호전시키기 위하여
시간을 투자하여 정신적 에너지를 쏟게 마련인데
결국 돌아오는 성과는 신통치 않다.
마치 자갈밭에 거름 주는 격이라 할까?
힘만 들었지 소용이 없는 경우가 대부분이다.

차라리 그럴 시간에
나에게 잘해주는 사람, 호의적인 사람에게 더 잘해줘라.
그것이 백배 천배 더 낫다.

망망대해에 고기를 잡으러 돌아다니다가
잡아 놓은 물고기마저 놓쳐 버리거나
죽게 하는 우(遇)를 범하지 마라.

나에게 잘해주는 사람에게
더 정성을 들여
서로의 인간관계를 더 공고히 하여
확실한 내 편을 만드는 것이
더욱더 지혜로울 것이다.

## 왜 차 운전을 하는지, 생각해 보라

양순하고 사람 좋다는 우리나라 사람들도 운전대를 잡기만 하면 남녀 불문하고 사나운 투사가 된다는 말이 있다. 어느 정도는 맞는 말이다. 아마도 교통법규 위반 단속만 없다면, 폭력에 대한 처벌만 없다면 거리는 전쟁터를 방불할 정도가 될 것이다. 거리는 난폭 운전자들로 가득 찰 것이며, 운전자들끼리 욕설은 물론 멱살잡이를 넘어 주먹질까지도 불사하는 장면이 속출될 것이다.

왜 그럴까? 그간 우리는 고도성장 산업화 시대를 살아오면서 과정은 어떠했든 신속한 성과를 우선시하는 '빨리빨리' 문화가 일상화되어있어 그럴 것이다. 오직 1등만이 평가를 받고 2등은 용서가 되지 않는 시대를 살아온 것이다. 그래서 양보가 곧 손해로 이어지기 때문에 양보가 결코 미덕이 될 수 없는 시대를 살았다.

운전하다 보면 줄을 서지 않고 자신의 이익만을 생각하여 얌체처럼 끼어들려는 운전자와 그러한 행동에 격분하여 끼워주지 않으려는 운전자의 신경전은 생사를 다투는 전쟁과도 같다. 실선에서의 끼어들기는 분명 법규 위반이다. 급하다고 중앙선을 침범하여 운전하거나 불법 유턴을 한다거나, 보행 신호등이 들어와 행인들이 건널목을 건너는데도 지나치는 차량을 너무나 많이 보게 된다.

교통법규 위반이 정당화될 수 없고, 마구잡이 폭력도 용인될 수는 없다. 교통법규 위반은 사람의 생명과 안전에 커다란 위협이 될 수 있기에 법규는 반드시 지켜져야 한다.

우리는 왜 운전을 할까?
편하고도 신속하게 목적지에 도착하기 위해서다.

법규를 위반하여 달린다면
신속하게는 목적지에는 도착할 수는 있을 것이다.

그러나 자신의 목숨을 걸고,
아니면 타인의 목숨에 위협을 주며 달리는 것이니
정신과 자신의 육체에 많은 부담을 주어야 하니
절대로 편할 수 없다.

편하려고 운전하는 건데,
전투하듯 운전하지 말고,
끼어들려는 차 끼어들게 하고
유유자적 편하게 운전해라.

그래 봐야 10분 늦게 가는 것이다.

# 바깥일은 바깥에서 끝내라

사회생활을 하다 보면 이런저런 일로 심기가 편치 않을 경우가 많다. 심기가 편치 않은 이유는 여러 가지다. 추진하고 있는 일이 잘 풀리지 않고 실타래처럼 꼬여있어 좀처럼 해결될 기미가 보이지 않아서 일수도 있고, 무척 불쾌하거나 섭섭하거나 슬픈 일로 인하여 그럴 수도 있다. 어차피 본인이 해결해야 하거나, 사그라질 때까지 속으로 삭여야 할 일이다.

가족이란 기쁨도 함께하고 슬픔도 함께 나누는 사이이긴 하지만 바깥일을 집으로까지 연장해서 가족들에게 부담을 주는 것은 한 가정을 이끌어가는 가장답지 못한 일이다.

바깥에서 안 좋은 일이 있다 하여도
집에 들어가서 티 내지 마라.
바깥일은 바깥에서 끝내라.

혼자 삭이고,
혼자 해결하면 될 일을
가족들에게까지 불편한 심기를 드러내고,
일에 대한 부담감까지 줄 필요가 있겠는가?

그런데도 혼자 해결해보기 위하여 아무리 노력해도
해결 방안이 보이지 않는 마지막 단계에서는
가족들과 흉금을 터놓고 함께 상의하여 지혜를 모아야 한다.
그래야 가족이다.

# 돈거래 하면 친구도 잃고 돈도 잃는다

아무리 돈이 궁해도 친구나 친척들, 그리고 주변 사람에게 돈 꾸지 마라. 서로 못 할 짓이다. 돈이 필요하면 사채가 되었든 금융기관이든 대출을 받아 해결하라. 지난날을 돌이켜보면 내게도 급히 돈이 필요했던 때가 더러 있었다. 그럴 때마다 "누구에게 부탁해서 해결하지?"라고 생각해 본 적이 없었다. 어떻게 해서라도 혼자 해결을 하려 하였다.

누구에게 부탁한다는 것은 상대방에게 부담을 주는 일이다. 상대방에게 부담을 주면서까지 자신의 문제를 해결하려 한다는 것은 너무도 안이한 해결방식이라는 생각이다.

또한,
가까운 사람들이 돈을 꿔 달라고 하면
절대로 돈을 꿔주지 마라.

가까운 사람도 잃고
돈도 잃는다.

상대방이 제때 돈을 상환해주면 좋지만 그렇지 못할 때 문제가 생긴다. 돈 문제에 있어서 사람이 거짓말하는 것이 아니라 형편이 거짓말한다는 말이 있다. 돈을 빌려주고 정작 자신이 필요할 때 돈을 쓸 수 없는 경우가 되면 갚지 않고 있는 사람에게 서운한 마음이 드는 것은 당연한 일이다. 그리고 돈을 빌려준 사람이 빨리 갚아달라고 반복하여 채근하면 서운한 마음이 드는 것도 당연하다.

그렇게 되면 인간관계까지 서먹해지게 되고, 때에 따라서는 인간관계의 단절에까지 이르게 되는 경우를 주변에서 너무도 많이 보아왔다. 그러니 돈을 꿔달라고 하는 사람이 있다면 박절하다 생각할지라도 "지금 형편이 그만한 돈을 꿔 줄 여력이 전혀 없다"라고 말하라.

돈을 꿔주고 지속해서 서운한 일이 생기는 것보다 잠시 섭섭한 것이 낫다. 그래도 조금이라도 여력이 있다면 자신의 재정 상태에 맞게 받을 생각 말고 그냥 돈을 줘라. "갚지 않아도 좋으니 이 돈은 그냥 쓰시라"라고 첨언을 해드려라. 그것이 서로의 인간관계를 지키는 길이다.

# 기도

나에게는 나의 신(神)이 있다.

아름답게 피어나는 꽃들을 바라보노라면,
밤하늘에 셀 수 없이 수많은 별을 바라보노라면,
끝없이 펼쳐진 대지와 바다를 바라보노라면,
불어오는 바람과
끊임없이 내리는 눈과 비를 바라보노라면,
새로 태어나는 아기를 바라보노라면,
분명 신이 있음이 느껴진다.

그 많은 것을
인간과 동물, 풀 나무, 물고기들에게
고루 나누어 주셨으니
위대한 분임이 분명하다.

내가 생각하기에 그분은
직접 우리를 재판하기보다는
우리 스스로가
지혜롭게 살아가기를 바라고,

그분이 우리에게 물려준 자연이
베풀어주는 것을 함께 나누며
사이좋게 어우러져 살기를 원하는 것 같다.

나는 날마다
보이지 않는 나의 신에게 기도한다.

길고 긴 밤 어둠을 보내고
빛으로 대지를 밝혀주는 태양에도
불볕더위 속에 불어오는 한줄기 시원한 바람에도
목마름을 풀어주는 물 한 컵에도
나에게 주어진 환경과 조건에 감사할 수 있는
넉넉한 마음을 갖게 해달라고.

그리고
여유와 미소로서 사람을 대하고
사람과 자연을 사랑하는 것이
내 삶의 근본이 되고
나 자신이

하루의 온전한 주인이 되게 해달라고.

미지의 곳에서
내가 이 세상에 빈손으로 왔듯이
내가 왔던 미지의 곳으로
빈손으로 떠날 것이기에

결국,
이 세상에 내 것은 없는 것이기에
내가 잠시 빌려 썼다가
앞으로 올 미래의 누군가에게 돌려주어야 하기에
작은 것에도 감사하고
사람과 자연을 사랑하며 살아가다
떠나게 해달라고.

나는 오늘도
보이지 않는 나의 신에게 기도한다.

# 나무

나는 나무다.
마을이 내려다보이는 작은 언덕에
서 있는 나무.

내 모든 가지를 하늘 높이 올려
기지개를 켜는 아침
햇살은 어김없이 찾아와
나의 잎새에 살포시 내려앉는다.

때로는 거센 바람이 불어와
나의 잎새를 흔들어대기도 하지만
살랑거리며 다가온 바람이
나의 잎새를 흔들며 빛나게 하기도 한다.

가끔 이름 모를 작은 새가
날아와 앉아
싫건 수다를 떨다 떠나가기도 한다.
다음 날 그가 또 찾아올 때도 있지만
다른 작은 새가 찾아오기도 한다.

그런 일은 내게 너무도 익숙한 일이다.
새가 오고 떠남은
내 마음대로 되는 것이 아니다.

그래도 좋다.
나를 찾아와 와 주는 작은 새가 있다는 것만으로도
행복하다.

때론
아침 햇살이 찾아오지 않는 날도 있다.
또 어느 날은
먹구름이 끼고 비바람이 불어
나를 온종일 흔들어대는 날도 있다.

어떤 날은
내 가지를 부러뜨릴 정도로
비바람이 심하게 몰아칠 때도 있다.
그러나 그러한 비바람도
언젠가 잦아든다는 것을 알고 있으니

그냥 견뎌내기만 하면 된다.

모든 것은 영원한 것은 없다.
계절도, 사랑도, 생명 또한 모두 그렇다.

내가 서 있는 언덕 위
어떤 나무는 지난해 떠나버렸고
또 어떤 나무들은 태어나 새 가지를 뻗기 시작했다.

그냥 이 자리에서 영원히 살고 싶지만
나 역시 언젠가 떠날 것이고
이 언덕 위에는 여전히 나무들로 숲을 이룰 것이다.

나를 찾아와 노니는 새들의
새끼, 또 그의 새끼가
이곳을 찾아와 지저귈 것이다.

봄이 오면
나는 내 마음을 다해 꽃을 피운다.

그것도 내 온몸 가득히 꽃을 피운다.

내가 꽃을 피울 때는
한때는 내가 대단하고
영원히 아름다울 것으로 생각했지만
한 해 두 해 꽃을 피우고 떨구는 것을 거듭하다 보니
꽃을 피우는 것 자체에 의미를 두고
그냥 그것으로 만족해하기로 했다.

봄을 보내고 여름이 오면
꽃이 떨어진 자리의 상처가 아물면
그 자리에 달콤한 열매가 자리 잡는다.
상처가 지나간 자리가 아름답다는 것을
매해 매해 느낀다.

나의 열매 또한
꽃이 떨어진 흙으로 되돌아간다.
내가 출발했던 곳도 흙이요
내가 갈 곳도 흙이다.

가을이 오면
나의 초록색 잎새들은
더는 초록의 모습이 아니지만
연분홍 저녁노을 색깔을 닮아간다.
아마도 나의 사계(四季) 중
가장 아름다운 계절이 아닌가 싶다.

자연은 나에게
이제 겨울을 맞이할 준비를 하라고
넌지시 말해준다.

겨울이 다가온다.
나의 잎새는 모두 떠나갔다.
이번 겨울에는
혹독한 추위를 견디지 못해
나에게는 마지막 겨울이 될 수도 있고
또다시 봄을 맞이할 수도 있지만
분명한 것은 힘겨운 겨울을 보내야 할 것이다.

그래도 좋다.
내일은 알 수 없는 것
오늘 이 언덕의 모든 것을 사랑하면서
불어오는 바람에 응답하고
살포시 내려앉는 햇살에 자리를 내어주고
마실 온 작은 새의 수다 소리에 귀 기울여주며
저녁이 오면 깊은 잠에 빠질 것이다.

## 나무는 말하지 않는다

본격적인 봄은 좀 더 기다려야 되지만
내 마음엔 이미 봄이 와있다.
조금 설렌 마음으로
아파트 주변 길을 거닐며 나무들을 본다.

회양목, 소나무, 주목, 목련, 은행나무, 향나무. 매화나무, 벚나무, 박태기나무
서로가 자신의 공간을 묵묵히 지키고 있다.

그들은 봄을 맞이하는 모습이
서로 다르다.
겨우 내내 푸른 잎을 잃지 않고 있는 회향목과 소나무도 있지만
겨우 내내 꽃망울, 잎망울을 준비해온 목련 같은 나무들도 있다.

나무들은 저마다 사는 방식은 다르지만
다른 나무들을 부러워하거나 얕잡아보지 않으며
흔들림 없이 자신의 방식대로 잎과 꽃을 피운다.

나무는 말하지 않는다. 비명도 지르지 않는다.
하지만 나무는 인간이 볼 수 없는
입과 눈과 귀가 있다.

다만 거세게 불어오는
비바람에 대답하는 자신만의 입이 있고
다른 나무의 공간을 침범하지 않는 자신만의 눈이 있으며
지나가는 사람들이 하는 이야기를 모두 들었으면서도
누구에게도 전하지 않는 성숙한 귀가 있다.

오늘만은
혹독한 겨울을 이겨내고,
봄을 준비하고 있는 나무를 향하여

아무 말 없이
고요하고 따뜻한 시선으로
오래오래 나무를 바라보자.